供电服务典型案例汇编

（2017版）

国家电网公司营销部　编

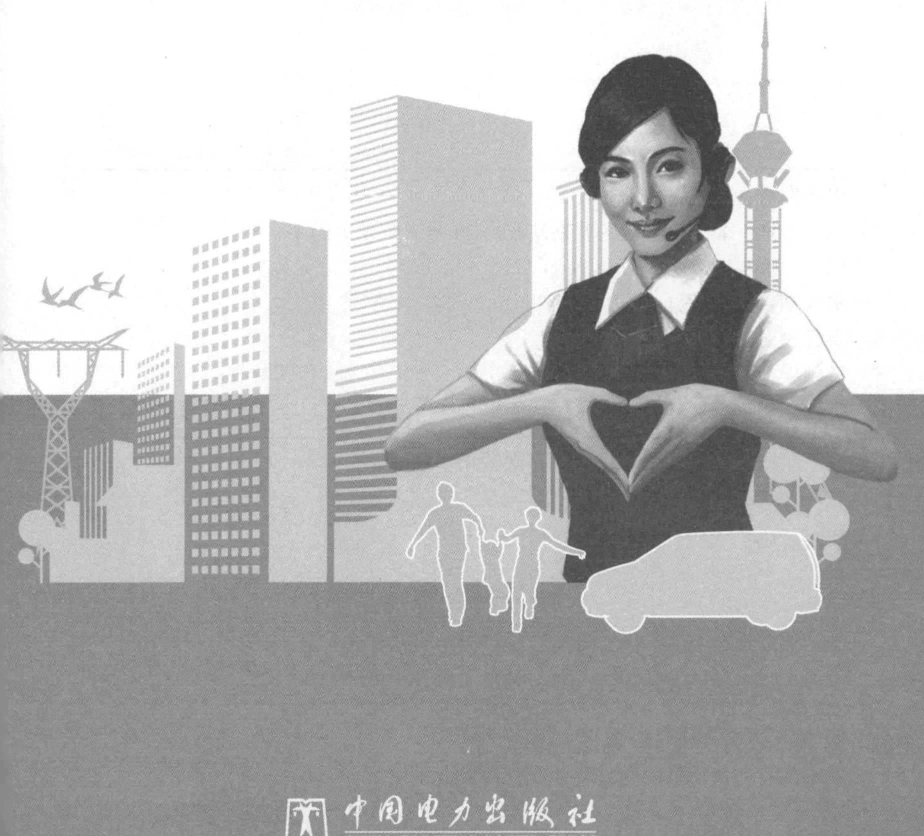

图书在版编目（CIP）数据

供电服务典型案例汇编：2017版/国家电网公司营销部编. —北京 ：中国电力出版社，2017.12（2018.3重印）

ISBN 978-7-5198-1677-3

Ⅰ.①供…　Ⅱ.①国…　Ⅲ.①供电－工业企业－服务质量－案例－中国　Ⅳ.①F426.61

中国版本图书馆CIP数据核字（2017）第325706号

出版发行：中国电力出版社
地　　址：北京市东城区北京站西街19号（邮政编码100005）
网　　址：http：//www.cepp.sgcc.com.cn
责任编辑：杨敏群（010-63412531）
责任校对：王小鹏
装帧设计：赵姗姗　东方文墨
责任印制：单　玲

印　　刷：北京博图彩色印刷有限公司
版　　次：2017年12月第一版
印　　次：2018年3月北京第十八次印刷
开　　本：880毫米×1230毫米　32开本
印　　张：8.5
字　　数：212千字
定　　价：26.00元

编　委　会

编　写　组

组　长　王子龙　焦志文　卢　忠　刘光良

成　员　李俊峰　杨　恒　赵　骞　叶　志　李　珏　闫晓天　赵建军　梁雅洁　李　振　程　超　王　超　卢　婕　韩　号　俞　阳　刘昳娟　左松林　汪　洁　彭　静　梁　好　贺清华　肖利琼　孙晓东　旷　慧　李　理　申浩平　何海零

前 言

国家电网公司一直高度重视供电服务工作，将服务优质作为公司“一强三优”战略目标，积极践行“四个服务”，认真履行供电服务“十项承诺”、“三公”调度“十项措施”、员工服务“十个不准”。通过广大员工的共同努力，公司供电服务更加规范高效，客户满意度持续提升，“以客户为中心，以市场为导向”的服务理念不断深入人心，“你用电，我用心”得到了社会各界的认同和赞誉，充分彰显了国家电网公司优秀的品牌形象。

优质服务是国家电网公司的永恒追求。近几年来，随着经济社会不断发展，电力市场改革持续深入，公司供电服务的体系、环境、业务、技术都发生了不小的变化，为了适应新的服务形势，针对供电服务过程中出现的新场景、新情况、新问题，促进员工进一步转变服务观念，强化服务意识，增强服务技能，编者总结了近年来发生在各地供电服务工作中的真实典型案例，经过筛选提炼，编写了《供电服务典型案例汇编（2017版）》，选定了具有代表性的33件不良服务事件和19件优秀服务事例，分为业扩报装、抄表收费、95598服务、营业厅服务、供电抢修、停送电管理、电能计量、用电安全与反窃电、新型业务9类，供广大员工学习借鉴、警示参考。

在编写工作中，各省公司营销部给予了大力支持，提供了大量丰富的原始案例材料，在此表示感谢。

由于编者水平有限，汇编中难免存在不妥与错误之处，敬请各位读者批评指正。

编 者

2017年12月

公司定位

习近平总书记在全国国有企业党的建设工作会议上，用“六个力量”对国有企业作出了新的历史定位，为新形势下做强做优做大国有企业指明了正确方向，也为国家电网公司改革创新发展提供了根本遵循。

“六个力量”

成为党和国家最可信赖的依靠力量
忠诚党的事业、自觉履行央企责任的排头兵

成为坚决贯彻执行党中央决策部署的重要力量
构建现代能源体系、促进生态文明发展的顶梁柱

成为贯彻新发展理念、全面深化改革的重要力量
推动各项改革、带动行业转型的火车头

成为实施“走出去”战略、“一带一路”建设等重大战略的重要力量
参与全球竞争、深化产能合作的领头羊

成为壮大综合国力、促进经济社会发展、保障和改善民生的重要力量
推进国家现代化、保障人民共同利益的主力军

成为我们党赢得具有许多新的历史特点的伟大斗争胜利的重要力量
服从服务大局、勇于攻坚克难的先锋队

公司责任

公司坚持国家利益高于一切、使命责任重于泰山，在服务全面建成小康社会的新征程中，把履行“三大责任”、巩固“两个基础”作为一切工作的出发点和落脚点。这是公司立足之本、发展之基、使命所在。

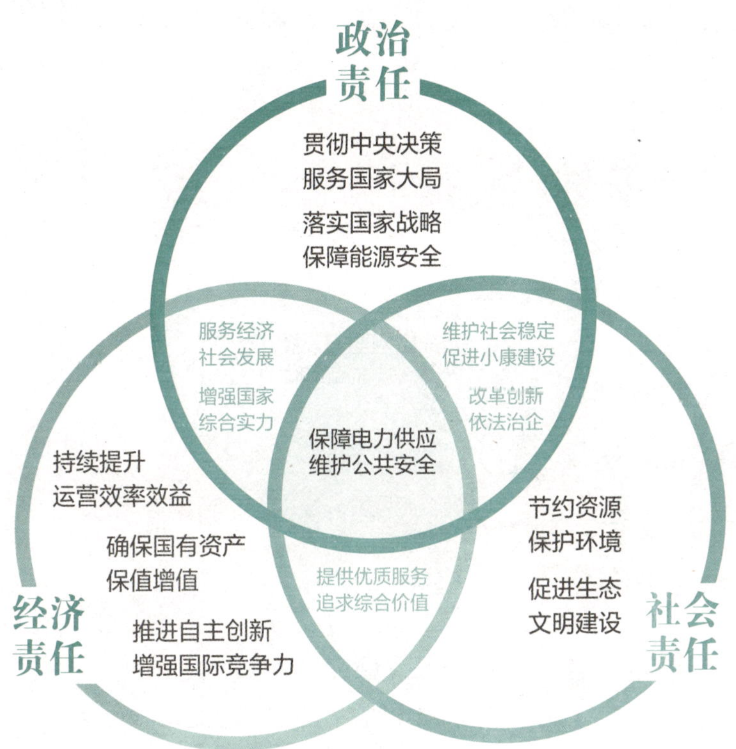

中国特色社会主义的“两个基础”

重要物质基础

重要政治基础

公司使命 …… 奉献清洁能源、建设和谐社会

公司宗旨 …… “四个服务”

服务党和国家工作大局、服务电力客户、
服务发电企业、服务经济社会发展

核心价值观 …… 诚信、责任、创新、奉献

企业精神 …… 努力超越、追求卓越

战略愿景 …… “两个一流”

建成世界一流电网、国际一流企业

战略目标 …… “一强三优”现代公司

建成电网坚强、资产优良、
服务优质、业绩优秀的现代公司

战略途径 …… “两个转变”

转变电网发展方式、转变公司发展方式

根本要求 …… 坚持党的领导

根本保证 …… “三个建设”

加强公司党的建设、队伍建设、
企业文化建设

基本方针 …… “六化”

集团化、集约化、精益化、
标准化、信息化、国际化

供电服务“十项承诺”

01 城市地区：供电可靠率不低于 99.90%，居民客户端电压合格率 96%；农村地区：供电可靠率和居民客户端电压合格率，经国家电网公司核定后，由各省（自治区、直辖市）电力公司公布承诺指标。

02 提供 24 小时电力故障报修服务，供电抢修人员到达现场的时间一般不超过：城区范围 45 分钟；农村地区 90 分钟；特殊边远地区 2 小时。

03 供电设施计划检修停电，提前 7 天向社会公告。对欠电费客户依法采取停电措施，提前 7 天送达停电通知书，费用结清后 24 小时内恢复供电。

04 严格执行价格主管部门制定的电价和收费政策，及时在供电营业场所和网站公开电价、收费标准和服务程序。

05 供电方案答复期限：居民客户不超过 3 个工作日，低压电力客户不超过 7 个工作日，高压单电源客户不超过 15 个工作日，高压双电源客户不超过 30 个工作日。

06 装表接电期限：受电工程检验合格并办结相关手续后，居民客户 3 个工作日内送电，非居民客户 5 个工作日内送电。

07 受理客户计费电能表校验申请后，5 个工作日内出具检测结果。客户提出抄表数据异常后，7 个工作日内核实并答复。

08 当电力供应不足，不能保证连续供电时，严格按照政府批准的有序用电方案实施错避峰、停限电。

09 供电服务热线“95598”24 小时受理业务咨询、信息查询、服务投诉和电力故障报修。

10 受理客户投诉后，1 个工作日内联系客户，7 个工作日内答复处理意见。

“三公”调度“十项措施”

01 规范《并网调度协议》和《购售电合同》的签订与执行工作，坚持公开、公平、公正调度交易，依法维护电网运行秩序，为并网发电企业提供良好的运营环境。

02 按规定、按时向政府有关部门报送调度交易信息；按规定、按时向发电企业和社会公众披露调度交易信息。

03 规范服务行为，公开服务流程，健全服务机制，进一步推进调度交易优质服务窗口建设。

04 严格执行政府有关部门制定的发电量调控目标，合理安排发电量进度，公平调用发电机组辅助服务。

05 健全完善问询答复制度，对发电企业提出的问询能够当场答复的，应当场予以答复；不能当场答复的，应当自接到问询之日起 6 个工作日内予以答复；如需延长答复期限的，应告知发电企业，延长答复的期限最长不超过 12 个工作日。

06 充分尊重市场主体意愿，严格遵守政策规则，公开透明组织各类电力交易，按时准确完成电量结算。

07 认真贯彻执行国家法律法规，严格落实小火电关停计划，做好清洁能源优先消纳工作，提高调度交易精益化水平，促进电力系统节能减排。

08 健全完善电网企业与发电企业、电网企业与用电客户沟通协调机制，定期召开联席会，加强技术服务，及时协调解决重大技术问题，保障电力可靠有序供应。

09 认真执行国家有关规定和调度规程，优化新机并网服务流程，为发电企业提供高效优质的新机并网及转商运服务。

10 严格执行《国家电网公司电力调度机构工作人员“五不准”规定》和《国家电网公司电力交易机构服务准则》，聘请“三公”调度交易监督员，省级及以上调度交易设立投诉电话，公布投诉电子邮箱。

员工服务“十个不准”

01 不准违规停电、无故拖延送电。

02 不准违反政府部门批准的收费项目和标准向客户收费。

03 不准为客户指定设计、施工、供货单位。

04 不准违反业务办理告知要求，造成客户重复往返。

05 不准违反首问负责制，推诿、搪塞、怠慢客户。

06 不准对外泄露客户个人信息及商业秘密。

07 不准工作时间饮酒及酒后上岗。

08 不准营业窗口擅自离岗或做与工作无关的事。

09 不准接受客户吃请和收受客户礼品、礼金、有价证券等。

10 不准利用岗位与工作之便谋取不正当利益。

目 录

六、停送电管理

七、电能计量

一、业扩报装

(一) 不良服务事件

案例 1　业扩管理不规范　有诺不践起纠纷

案例 2　客户经理懒作为　企业利益当儿戏

案例 3　业扩报装“三指定”　有章不循受处罚

案例 4　主动服务不到位　市场竞争空口谈

(二) 优质服务事例

案例 5　差异服务大客户　供用双方得双赢

案例 6　两网竞争抢客户　业扩提速增市场

（一）不良服务事件

案例 1　业扩管理不规范　有诺不践起纠纷

案例提要

某供电所表计库存不足，拒绝客户办理新装业务致投诉。

案例分类

业扩报装

事件过程

4 月初，某供电所低压单相智能表库存用完，但由于表计管理人员休假，未能及时申请补充。4 月 9 日客户陈先生到营业厅办理居民新装业务，营业厅工作人员告知表库无表，不能受理客户申请，让客户 5 天后再来办理。期间供电所因工作疏忽，仍然没有申请补充表计库存。

4 月 16 日陈先生再次到营业厅要求办理业务，工作人员仍不予受理，并告知客户："所里确实没有电能表了，请你先回去吧，什么时候有电能表了再通知你过来办业务"。4 月 17 日，陈先生因一直无法用电，拨打 95598 进行了投诉。

造成影响

因表计库存不足且未及时申领，营业厅工作人员未受理客户正常的业扩新装申请，导致客户多日无法用电，引发客户不满并投诉。

应急处理

事件发生后，供电所一方面到市供电公司申领电能表，同时派工作人员上门向客户致歉，现场复印了客户的身份证及房产证，为客户办理了新装用电手续，取得客户谅解。4 月 18 日，供电所为客户装表接电。

违规条款

本事件违反了以下规定：

（1）《中华人民共和国电力法》第二十六条：供电营业区内的供电营业机构，对本营业区内的客户有按照国家规定供电的义务；不得违反国家规定对其营业区内申请用电的单位和个人拒绝供电。

（2）《国家电网公司关于进一步精简业扩手续、提高办电效率的工作意见》（国家电网营销〔2015〕70 号）：根据与客户约定时间或电网配套工程竣工当日装表接电。

（3）《国家电网公司供电服务规范》第二章第四条第二款：真心实意为客户着想，尽量满足客户的合理要求。对客户的咨询、投诉等不推诿，不拒绝，不搪塞，及时、耐心、准确地给予解答。

暴露问题

（1）营业厅工作人员未遵守国家法规及企业规定，以非正当理由拒绝客户用电申请。

（2）营业厅工作人员未兑现与客户的承诺，超过约定期限仍未处理客户申请。营业厅对约定延期办理的业务，缺少闭环管控。

（3）表计管理制度未落实，表计库存不足未及时补充。

案例点评

业扩报装不仅仅是一线服务人员的事情，更需要后台各专业、各机构提供强有力的业务支撑，任何一个环节、部门、人员出了纰漏，都会直接或间接地影响到报装工作质效。各级供电公司应该树立服务基层、服务一线、服务客户的大服务理念，及时发现、解决流程阻梗问题，不能把企业内部管理不到位的问题当作理由来拒绝客户用电申请，更不能以系统外流转业务的方式掩盖问题。作为供电服务人员，在履行工作职责时向客户做出的任何许诺，都是供电企业对客户的服务承诺。供电服务人员欲承诺客户的内容应先慎重评估、确认可行，且一旦与客户约定，就应当严格按照约定时间践诺。

案例2 客户经理懒作为 企业利益当儿戏

案例提要

客户申请改类业务，客户经理未经现场勘查就受理，导致电价执行错误，给企业造成损失。

案例分类

业扩报装

事件过程

4月2日客户徐先生到供电所申请改类业务，申请将原用于商业销售和居住混用的私房用电全部变更为居民生活用电，用电容量仍为10千瓦。客户经理张某未经现场勘查，就直接填写现场勘查工作单，将徐先生家的电价类别变更为居民生活电价。

5月5日该供电公司电费核算班发现该户月度用电量为1327千瓦时，向客户经理张某下达了现场核实通知单，张某仍未到客户所在地核实，以“现场无异常”回复任务单。直到9月12日，用电检查班工作人员在进行反窃查违时，根据改类线索进行现场检查，才发现该客户私房实际改为商业实体店，用电类别应为100%商业用电。

造成影响

由于电价执行错误引起供电公司收取电费差错，给供电公司造成经济损失。

应急处理

重新核实客户的用电类别，将居民生活用电类别更正为一般工商业及其他用电类别，向客户下达违约用电通知书。客户签字认可后，供电公司按规定追补差额电费及违约使用电费。

违规条款

本事件违反了以下规定：

（1）《国家电网公司供电客户服务提供标准》6.1.4.8 规定：办理客户改类业务，由受理客户申请开始，经过现场勘查、签订供用电合同、装表接电、客户资料归档等流程环节，服务结束。

（2）《国家电网公司电费抄核收管理规则》第二十三条：抄表数据应及时进行复核。发现电量突变或分时段数据不平衡等异常情况，应立即进行现场核实；确有异常时，应提出异常报告并及时处理。

暴露问题

（1）客户经理工作失职，没有严格执行改类业务现场勘查的工作要求。

（2）供电公司在此项业务流程中监督缺位，未及时发现电价差错。

案例点评

效益是确保国家电网公司持续健康发展的基础。抄表收费、电价执行是国家电网公司的关键经营任务，是公司的效益所在和核心利益所在。在经济发展新常态下，过度依赖电量高速增长加快发展的模式已经难以持续，必须突出“精益”，将效益观念贯彻到每一名员工，把控经营重点领域和关键环节，坚决杜绝“跑冒滴漏”。

案例 3　业扩报装“三指定”　有章不循受处罚

案例提要

客户经理在对客户新装用电进行勘查时，要求客户选择指定企业对其所属内部工程进行施工。

案例分类

业扩报装

事件过程

4 月 24 日，客户张先生到供电所营业厅办理高压新装业务。4 月 25 日，客户经理刘某在勘查现场完毕后告知客户：“建议你们公司新装用电的内部受电工程施工还是由××电力安装公司来做，他们熟悉供电公司的内部业务流程和要求，施工质量有保证，可以确保你验收一次性通过。”看张先生半信半疑仍有顾虑，没有立即答应，客户经理刘某便一直向张先生介绍委托该公司施工的好处，在刘某的软磨硬泡下，张先生最终同意将内部受电工程交由该电力安装公司施工，但对刘某反复推荐唯一施工单位的言语进行了录音。

后期张先生经了解后得知，该施工企业与客户经理刘某存在利益关系。新装业务完毕并装表接电后，张先生认为自身权益受到损害，于是拨打 95598 反映情况。

造成影响

工作人员的“三指定”行为，限制和影响了客户自主选择权，损害了客户的切身利益，同时，严重影响了供电公司的服务形象，存在较大的舆情风险。

应急处理

供电公司立即组织开展调查，对涉事客户经理及相关人员严肃处理，并派工作组上门向客户致歉，客户予以谅解。随后，供电公司全面清查客户工程承揽情况，整顿“三指定”问题。

违规条款

本事件违反了以下规定：

（1）《国网公司员工服务“十个不准”》第三条：不准为客户指定设计、施工、供货单位。

（2）《国网公司员工服务“十个不准”》第十条：不准利用岗位与工作之便谋取不正当利益。

（3）《供电企业用户受电工程“三指定”专项治理工作方案》（电监稽查〔2010〕15号）界定“三指定”行为：供电企业通过口头、书面或者公示等方式，向用户推荐或者限定特定的施工单位，限制用户选择施工单位权利的行为。

暴露问题

（1）客户经理遵章守纪意识淡薄，漠视国家电网公司关于业扩报装“三不指定”的要求，利用工作之便谋取不正当利益。

（2）供电公司在业扩报装工作中监督不到位，存在管理死角。

案例点评

客户受电工程“三指定”是行业监管和舆论监督的重点，是社会各界反映强烈的热点，也是影响国家电网公司形象的风险点。坚决杜绝“三指定”问题，是国家电网公司依法从严治企的必然要求，是公司健康发展的客观需要。思想上的轻视、制度上的忽视、教育上的无视，才是“三指定”难以杜绝的根本原因。各级供电公司必须站在全局的高度、站在国家电网公司发展的高度，站在促进社会和谐稳定的高度，建立“三指定”常态预防机制，加强员工遵章守纪意识教育，不给违规行为可乘之机。

案例4 主动服务不到位 市场竞争空口谈

案例提要

客户申请报装动力表，受理人员和勘查人员以客户资料不齐和配电变压器容量受限为由拒绝客户报装申请，引发投诉。

案例分类

业扩报装

事件过程

7月2日，客户电话李女士咨询当地供电公司城区营业厅办理低压动力用电所需的资料和手续流程，工作人员反馈客户带上身份证和房产证到营业厅进行业务办理。7月3日，李女士到营业厅提交申请，并提供了居民身份证和房产证，营业厅人员告知还需提供营业执照等资料。7月4日，李女士到营业厅补齐资料。

当天，供电公司工作人员现场勘查发现该客户用电负荷32千瓦，用于经营火锅店，用电地址属于老旧城网区域。因该台区配电变压器长期重载运行，现场勘查人员以变压器已满载、不能再接入新负荷为由，拒绝了李女士的报装申请。李女士询问何时才能接上电，现场勘查人员表示不能确定，需要等到配电网改造完成后才可以。

7月30日，李女士因一直没有等到后续的消息，火锅店迟迟不能开业，于是向95598投诉。

造成影响

（1）未履行一次性告知和“一证受理”要求，导致客户重复往返，影响客户服务感受。

（2）因新增负荷接入受限拒绝客户报装申请，导致火锅店无法正常开业，给客户造成经济损失。

应急处理

接到投诉后，供电公司组织运检、营销人员共同对现场进行勘查，确认由于配电变压器容量受限导致无法报装后，应急更换大容量变压器，组织装表送电。同时，将该地区电网改造纳入下年度项目储备。服务人员向客户解释和道歉，最终取得客户的谅解。

违规条款

本事件违反了以下规定：

（1）《国家电网公司关于简化业扩手续提高办电效率深化为民服务的工作意见》（国家电网营销〔2014〕1049号）：统一业务办理告知书，履行一次性告知义务，维护客户对业务办理以及设计、施工、设备采购的知情权和自主选择权。

（2）《国家电网公司关于进一步精简业扩手续、提高办电效率的工作意见》（国家电网营销〔2015〕70号）：实行营业厅“一证受理”，在收到客户用电主体资格证明并签署“承诺书”后，正式受理用电申请，现场勘查时收资。提供网上、电话受理服务，根据预约时间完成现场勘查并收资。

（3）《国家电网公司关于进一步提升业扩报装服务水平的意见》（国家电网办〔2015〕1029号）：对于电网接入受限项目，先接入，后改造，低压、10千伏项目有效建设周期分别不长于10个、120个工作日。

暴露问题

（1）供电公司工作人员未履行一次性告知义务，“一证受理”

要求执行不到位，造成客户报装申请时资料准备不全，重复往返营业厅两次。

（2）供电公司未严格落实国家电网公司“电网接入受限项目，先接入，后改造”的要求，且未根据客户需求积极改造，未能满足客户的用电需求。

案例点评

当前，经济下行、售电侧放开对国家电网公司售电量增长带来不利影响，业扩报装对公司增供扩销、提高市场竞争力和推动地方经济发展的作用越发重要。客户主动要求新装用电，可谓是送上门的“买卖”。虽然相对大客户来说其用电量会少一些，但增供扩销不是仅仅发展大客户，小客户也可以积沙成塔、集腋成裘，也需要供电企业予以重视。为适应电力改革形势变化，保持市场竞争优势，国家电网公司连续出台了提高办电效率的系列文件。本案例中客户的诉求已经解决，但这个案例不是个案，将客户拒之门外不仅丢掉了电量增长和电费收入，也丢掉了公司良好的服务形象。对业扩受限问题，各级管理部门还需加强跟踪管理，列出整改任务清单，排出时间表，真正把“以市场为导向，以客户为中心”落到实处。

（二）优质服务事例

案例 5 差异服务大客户 供用双方得双赢

案例提要

供电公司构建园区服务新模式，主动为大客户提供用电技术支持，想方设法满足客户用电需求，稳固园区大客户市场。

案例分类

业扩报装

服务过程

某国家级工业园区内特种合金有限公司合同容量 4650 千伏安，2 月份用电量 50 万千瓦时，之后每个月用电量均呈增长趋势，至 10 月份用电量已突破 120 万千瓦时。供电公司工业园区专属大客户经理关注到该客户的电量增长情况，通过 SG186、用电信息采集系统查看客户用电数据及负荷曲线，判断客户变压器已满载，随后前往该公司了解其用电需求及发展规划，并为其分析用电情况、供电可靠性，提供技术指导。客户听取分析后，意识到供电容量已不能满足当前及远期的生产需求，急需增容 1000 千伏安，希望供电公司尽快提供最优的供电方案。供电公司考虑建立专线时间过长，不能满足客户当下急需用电的急迫性，恰巧园区内临近一专线客户甲的产能下降，已申请减容。供电公司与客户甲协商回购其专线，T 接电源为客户供电。随后，供电公司利用业扩报装项目包，仅用一个月时间，新建一条公用线路延伸到客户厂区红线外。

取得效果

（1）供电公司设置工业园区专属大客户经理，协助客户办理用电业务，为客户提供安全用电、节约用电、科学用电服务，以专业、贴心的供电服务营造了和谐的供用电关系。

（2）协调第三方客户就近解决电源点，满足客户产能需要，为客户增收500万元，赢得客户好评。

（3）提前30天满足客户新增负荷用电需求，供电公司多供电量27万千瓦时。

（4）供电公司积极与当地产能下降的大客户协商，回购客户产权专用线路，防范供电市场客户流失。

案例点评

在电力体制改革的竞争形势下，电网企业的天然垄断被打破，增量客户、存量优质大客户、工业园区均存在市场流失的风险。工业园区等大客户对通过配售电市场改革降低电价和用电成本存在较大心理预期，一旦诉求无法满足，面对更多选择，极有可能会转向其他售电主体。要想在新形势下存活和更好地发展，供电公司必须发挥自身优势，以客户为导向，加快优化供电服务体系机制，抓住市场和客户，实现服务质量和效率双提升，方能在真正的市场竞争中立于不败之地。

此案例中的供电公司，以客户经理为纽带，搭建起供用电双方的沟通联系桥，充分发挥供电企业特有的竞争优势，通过专业的人力资源、独有的海量数据、实时的用电采集技术、贴心的供电服务，实现了供电服务在客户侧的增值，有效提高了供电企业的市场竞争力，值得各供电公司借鉴学习。

案例6 两网竞争抢客户 业扩提速增市场

案例提要

在拓展新增供电市场工作中，供电公司主动服务，以“互联网+”线上办电、移动作业实现业扩报装的提速增效，以主动服务赢得客户和地方政府好评，建立面对地方电网的竞争优势。

案例分类

业扩报装

服务过程

某新建工业园处在国家电网公司、地方电网公司交叉供电区域，供电市场竞争十分激烈。某原烟公司的易地技术改造项目就位于该工业园内，修建厂房急需临时用电。供电公司获悉客户用电需求后迅速响应，关口前移进行现场服务。供电公司人员初登客户现场就遇地方电网公司人员正与客户洽谈，并邀请客户到地方电网公司营业厅办理用电申请业务。了解现场情况后，供电公司人员现场办公，通过“互联网+”“一证受理”线上办电，当场协助客户线上完成报装申请，且根据现场勘查情况当即为客户确定了就近公共线路搭接的供电方案，并在1个工作日内书面答复客户。客户申请临时用电竣工检验后，供电公司立即组织验收，于第二天安排了带电作业完成送电。供电公司开辟绿色通道、实施优质服务，仅用时10天就完成了从受理至送电的业扩报装服务过程，在市场竞争中占了先机。随即，供电公司组织发展、运检、建设、营销、调控等部门研讨制定该园区正式用电方案，并协调管委会同意该园区由供电公司投资建设专用线路供电，彻底确定了该园区的供电主体。

取得效果

（1）该工作成效获地方媒体新闻报道，产生了良好的社会舆论效应，树立了国家电网公司良好的企业形象。

（2）在电力市场改革深化的背景下，供电公司积极作为，赢得了电力市场，获得了地方政府、客户的肯定和赞扬，为增供扩销夯实了基础。

案例点评

随着电力体制改革的推进，原有的地方电网企业和更多的社会资本将进入售电市场，用电客户将拥有更多的用电选择权。一些市场化售电公司已经提前接洽客户、商谈合作，积极准备抢占市场，形势咄咄逼人。反观国家电网公司系统内的一些单位，市场敏锐性不强，对改革的迫切形势认识不清，甚至不知所措，工作非常被动。本案例中的供电公司，密切关注售电市场，积极寻求应对办法，采取有效措施参与市场竞争，以主动服务、优质服务、快捷服务赢得了客户，占领了市场。

二、抄表收费

（一）不良服务事件

案例 7　表计异常未处理　长期估抄客户怒

案例 8　粗心员工录错信息　无辜客户错交电费

案例 9　业务培训不到位　客户咨询难解决

案例 10　欠费停电不够规范　弄虚作假错上加错

（二）优质服务事例

案例 11　贴心热情做服务　老年客户齐称赞

案例 12　贴心服务降成本　精诚合作促双赢

（一）不良服务事件

案例 7　表计异常未处理　长期估抄客户怒

案例提要

某客户智能电能表采集失败后，抄表员没有现场补抄，后又多月进行了估抄，影响客户阶梯电费核算。

案例分类

抄表收费

事件过程

2016 年 7 月，客户刘先生家的智能电能表远程采集功能异常，无法获取抄表例日冻结表码。抄表例日当天，供电公司向当地抄表人员王某下派现场抄表任务工单。刘先生家的电能表安装在平房院内，当天全家外出走亲戚，大门上锁无法进行现场抄表，抄表人员王某没有与刘先生电话联系了解情况，直接进行了估抄。2016 年 8 月至 11 月期间，表计异常一直没有得到处理，每月都需要现场抄表，王某在未向公司相关专业部门反映、也未联系客户的情况下，一直通过估抄的方式完成抄表。

2016 年 12 月，供电公司用电信息采集专业的工作人员联系上刘先生，上门将智能电能表功能异常进行了消缺处理。但连续多月估抄已影响客户的月度阶梯电价核算，造成多计客户电费。

造成影响

客户发现多计电费后，向供电公司投诉，表达强烈不满。同时，其在村内散布供电公司多收电费的事，导致多名客户对收费的真实性产生怀疑，并集结到供电公司生事，破坏了供电企业的形象，造成较坏影响。

应急处理

事件发生后，供电公司立即引导集结上访客户至接待室，由相关部门负责人与客户座谈，平复客户情绪，耐心解答客户疑虑，安排专人逐一核实客户电能表数据抄录详单，逐户核算客户阶梯电价，消除疑虑，化解矛盾。

违规条款

本事件违反了以下规定：

（1）《国家电网公司电费抄核收管理规则》第十四条：严格按规定的抄表周期和抄表例日准确抄录客户用电计量装置记录的数据。严禁违章抄表作业，不得估抄、漏抄、代抄。确因特殊情况不能按期抄表的，应及时采取补抄措施。

（2）《国家电网公司电费抄核收管理规则》第二十一条第六款：因客户原因未能如期抄表时，应通知客户待期补抄并按合同约定或有关规定计收电费。抄表员应设法在下一抄表日到来前完成补抄。

暴露问题

（1）抄表员未按规定现场抄表，随意估抄。

（2）采集运维人员未能有效履行异常处理职责，造成智能电能表长期无法远程采集数据。

（3）供电公司未能有效监控异常处理闭环，对抄表业务执行情况开展常态稽查检查不到位。

案例点评

随着《中华人民共和国消费者权益保护法》日益走进百姓生活，民众维权意识大幅提高，因抄表人员估抄、错抄表码损害客户利益的现象危害很大，不仅会引发客户投诉维权，甚至可能引发群体舆情事件，给供电公司造成很大的负面影响，损害企业形象。在用电信息采集系统即将全覆盖的形势下，抄表质量得以大幅提升，但现场抄表的工作质量问题依然屡见不鲜。工作人员“执规不严”，甚至“有规不依”，追根到底，还是思想上不够重视，规矩意识、服务意识淡薄，只有从内心真正认识到末端服务的重要性，按规办事，依规行事，才能从源头上杜绝类似案例中发生的问题。

案例 8　粗心员工录错信息　无辜客户错交电费

案例提要

客户办理电费提醒业务，营业厅人员先是遗忘办理，后又录错户号信息，造成客户错交电费。

案例分类

抄表收费

事件过程

3 月 2 日，客户杨先生在当地供电所营业厅窗口办理了电力短信订阅服务，但因工作失误，营业厅工作人员漏发了变更业务工单，造成客户订阅服务业务没有办理。杨先生因一直未接收到相关订阅短信信息，4 月 20 日又来营业厅前台咨询此事，营业厅工作人员核实后，发现该业务工单漏发未办理，当即向客户致歉，并再次登记杨先生信息后并经系统实时发送业务工单，但忙中出错，在系统受理时错选客户号。

5 月 9 日上午 10 点左右，杨先生手机接收到户号为 080016××××的电费提醒短信，短信发送号码为 95598。为避免因余额不足造成欠费，杨先生根据短信内容中的客户编号通过微信交费方式交纳电费 200 元。交完费后，杨先生才发现该户的地址与自身不同，后对照保留的以前交费凭据，发现短信中的户号并非杨先生本人的，而是另一位同姓客户的。杨先生觉得连续去两次营业厅都没有办好短信业务，而且导致自己错交电费，是营业厅工作人员故意为之，随即拨打 95598 进行了投诉。

造成影响

工作人员首次受理业务后遗忘未办理，造成客户两次往返，第二次受理后错录客户联系信息，导致系统电费提醒短信未送达真正客户，同时造成此客户错交电费，给客户带来极大不便，导致客户投诉。

应急处理

供电公司立即安排专人联系客户，对供电公司工作的失误表示歉意，并对错交电费进行退费处理，在系统中修正客户手机号码信息；同时，对责任人员进行通报和经济处罚。

违规条款

本事件违反了以下规定：

（1）《国家电网公司电力客户档案管理规定》第十七条：客户纸质资料记录与营销业务应用系统和客户现场信息相一致。

（2）《国家电网公司电力客户档案管理规定》第十八条：客户资料归档前，业务办理人员应对资料和数据的完整性、有效性进行检查。检查无误后，将纸质文档扫描上传，并移交档案管理人员归档。

暴露问题

（1）工作人员责任心不强，客户办理订阅短信服务业务，未按工作要求办理闭环。

（2）客户资料变更业务缺乏规范管理，审核不严谨，造成数据信息录入不准确。

案例点评

营销服务工作在很多人眼中是谁都能做的琐碎小事，甚至许多营销服务员工也这么认为。殊不知，“小事见真章，细节定成败”，一线服务人员的一个小失误就会导致该链条上后续所有工作无效或偏离，轻则影响供电公司运行效率，给公司带来经济损失，重则损毁国家电网公司责任央企形象，甚至引发服务事件，酿成大错。因此，任何岗位都是国家电网公司运行链条上不可或缺的一环，一环错，则环环错。只有供电公司工作人员拿出干大事的态度和精神来做好所谓的细微小事，“用心服务”才能落到实处。

案例9　业务培训不到位　客户咨询难解决

案例提要

供电公司员工在“掌上电力”APP推广中，因未掌握软件安装应用技能，未能及时为客户解决问题，造成客户不满引发投诉。

案例分类

抄表收费

事件过程

某日，供电公司员工小王去小区抄表催费，路上巧遇客户张先生。

小王：张先生，正要去找您，您的电费该交了。

张先生：好巧，正准备顺路去营业厅。

小王：对了，张先生，我们新推出了线上交费APP，安装一个APP，您就不必每次都去营业厅了。

张先生：哦，这么方便。什么APP，从哪下？

小王：您等等，我身上正好有张宣传单，我拿给您看看。

小王从包里翻出一张宣传单，指着向张先生介绍。

小王：您看，是这个“掌上电力”APP。嗯——这里有下载安装方式，只要扫下二维码就行。

张先生：哦，我试试。这个安装包好大，我回家下吧。（张先生刚转身又回来了）我看宣传单上说安装完还要注册，还是用流量下吧，安装好你帮我搞下注册，怎么样？

小王：说实话这玩意我也没用过，试试吧。

张先生下载安装后，小王帮其注册，但无法收到验证，向同事打电话咨询，仍未解决。

小王：张先生，这项业务我也是刚接触，流程也不熟悉。我给您一个电话，您直接打电话问他吧。我手头还有点急事要处理。

说完，小王留下手机号急匆匆走了。

造成影响

工作人员对“掌上电力”APP操作不熟练，无法解决客户遇到的问题，以工作为由推诿。客户非常不满，随即投诉。

应急处理

事件发生后，供电公司立即派熟悉“掌上电力”APP操作的专业人员联系客户，帮客户注册，并向客户详细介绍其使用方法。同时在企业内部开展“掌上电力”APP操作培训，确保每个工作人员都能熟悉基本操作。

违规条款

本事件违反了以下规定：

（1）《国家电网公司供电服务规范》第四条第二款：真心实意为客户着想，尽量满足客户的合理要求。对客户的咨询、投诉等不推诿、不塞责，及时、耐心、准确地给予答复。

（2）《国家电网公司供电服务规范》第四条第五款：熟知本岗位的业务知识和相关技能，岗位操作规范、熟练，具有合格的专业技术水平。

暴露问题

（1）工作人员未熟练掌握新业务技能，未能提供可靠优质服务。

（2）工作人员面对问题时，以不熟悉业务、工作忙为由推诿、塞责。

（3）供电公司对现场服务工作人员的技能培训不到位。

案例点评

营销服务现场工作人员是供电公司与客户接触最频繁的人群，其服务态度的好坏和服务技能的高低会给客户最直接的感受，他们直接代表着国家电网公司的服务水平，影响着客户对国家电网公司的态度和看法。本案例反映了两方面的问题：首先，从供电公司员工王某的言谈中不难发现，他对这项新业务基本没概念，甚至连“掌上电力”的名字都没记住，这种情况下向客户推荐新业务，其结果可想而知。其次，供电公司虽然布置了“掌上电力”APP的推广任务，却未能对员工的业务技能和服务意识培训到位，导致员工不能熟练了解掌握新业务新知识，服务行为也颇不规范。在新型业务快速发展的今天，我们一定要跟得上时代，做到与时俱进，千万不能给客户提供如此“蹩脚”的服务。

案例 10 欠费停电不够规范 弄虚作假错上加错

案例提要

客户投诉某供电公司催费人员在未提前通知的情况下将其停电，得知被投诉后，又找房东户主补签欠费停电通知单，投诉客户得知后再次投诉催费人员该行为涉及弄虚作假。

案例分类

抄表收费

事件过程

2016 年 7 月，某供电公司催费人员陈某所负责的片区部分客户欠交电费，已达到停电条件。7 月 11 日，陈某向这些客户在系统中登记的手机号码发送了欠费停电通知短信，准备实施停电催费。

7 月 19 日实施停电前，陈某再次通过直接拨打电话的方式挨个通知客户，过程中发现其中一户预留的手机号码属于前一任租户，该租户早已搬离，并非当前实际用电客户的电话号码。于是陈某直接上门催费，但现居住客户（租户）不在家中，陈某就将欠费停电通知单张贴于客户表箱处，并实施欠费停电。

该客户回到家中后发现突然停电，拨打了 95598 进行咨询，在知道自己是由于欠费停电后，客户气愤地表示自己从未收到任何欠费停电通知或提醒，并投诉了催费人员陈某。得知自己被客户投诉，陈某一方面觉得委屈，认为是客户号码信息不准导致自己无法有效通知，一方面又因担心投诉属实自己会被考核，于是找到户主

（房东）补签了欠费停电通知单，并以不属实回复了投诉工单。投诉客户（租户）得知此事后，再次投诉陈某的行为弄虚作假，并表示要向政府热线 12345 反映情况。

造成影响

（1）客户（租户）家中冰箱里价值几千元的冷冻海鲜由于停电而产生变质，给客户带来经济损失，使客户产生不满情绪引发投诉。

（2）陈某事后找户主补签欠费停电通知单，客户对催费人员的不诚信行为产生不满引发再次投诉，影响了国家电网公司的企业形象。

应急处理

第一次投诉后，待客户结清欠费，供电公司抄表人员立即上门为客户恢复供电。

第二次投诉后，抄催管理人员立即与催费人员当面向客户道歉，并对责任人进行考核。

违规条款

本事件违反了以下规定：

（1）《国家电网公司供电服务“十项承诺”》第三条：对欠电费客户依法采取停电措施，提前 7 天送达停电通知书。

（2）《国家电网公司供电服务奖惩规定》：未按规定核实处理投诉、举报等诉求，弄虚作假、刻意隐瞒违规服务行为属于供电服务质量事件及供电服务过错。

暴露问题

（1）抄催人员未通过有效方式送达欠费停电通知书，事后私自伪造佐证。

（2）供电公司对抄催人员欠费停电通知有效送达情况缺乏监管。

案例点评

电费回收工作涉及供电企业核心利益，停电催费是企业不得已而为之的措施，实施的前提是欠费停电通知的有效送达，要千方百计确保客户知情权。千万不要以为将错误掩盖就能逃避责任，这样不但无法解决问题，而且会激化双方矛盾。其实，人非完人，日常工作中出现失误难以避免。犯错误并不可怕，可怕的是极力掩饰、抹杀，错上加错。“只要思想不滑坡，方法总比困难多！”因此，工作人员必须秉持“诚信、责任、创新、奉献”的核心价值观，遇事多问一句，多想一层，多试一下，创新求变，这样才能赢得客户理解和信任。

当然，依法依规停电是供电企业的权利，提倡不停电催费是供电企业的目标。供电公司也应积极拓展欠费停电通知有效送达的方式，让一线工作人员可以有理有据有节地防控电费回收风险。

（二）优质服务事例

案例 11 贴心热情做服务 老年客户齐称赞

案例提要

智能费控推行后，营业厅、现场服务人员主动为老年客户群体提供人工电话通知提醒服务，借助传统节假日在老年客户子女亲人中开展“亲情交费活动”，有效解决老年客户群体电费交费难问题。

案例分类

抄表收费

服务过程

2 月 1 日，居住在某街道社区的几位老年客户共同结伴前来营业厅前台，咨询当月用电情况并准备交纳电费，其中一位李姓大爷还帮邻居代交 100 元电费。在业务办理期间工作人员向客户推荐智能费控电费结算方式，两位六十余岁客户得知可通过手机短信方式接收电费信息从而避免欠费停电后，欣然同意签订用电协议、登记手机号码，并选择下载了适合自己习惯的线上交费方式。但其他几位老年客户却感觉“不靠谱”，不愿接受该结算方式。工作人员热情服务，提出留下客户的固话联系方式和户号，建立人工台账，根据客户预存金额，人工为客户提供电话提醒服务，解决了老人们的困扰。

其后，该供电公司在春节期间组织志愿者前往客户社区开展线上交费方式上门推广服务，通过在老年客户的子女、亲人手机上安装“掌上电力”APP线上交费应用终端，由老年客户的亲人通过手机交费，让老年客户电费交纳方便无忧。

取得效果

人工电话差异化服务，有效解决老年客户群体的用电困扰，部分老年客户成了企业义务宣传员；同时，在传统节假日借助现场服务和窗口服务同步推广线上交费方式，促进了智能费控工作的顺利开展。

案例点评

智能费控业务的开展，改变了客户的用电方式和交费习惯，也给供电公司管理带来了新的挑战。用电客户为适应新的电费结算方式，对于实时用电信息的告知方式和方便快捷的电费交纳方式有了迫切的愿望和需求。同时，新业务对老年客户群体的用电习惯和交费方式造成冲击，让他们难以适应。这种情况下，差异化、个性化服务是有效化解矛盾、推动客户主动适应新模式的有力手段，也是充分展示员工创新能力、彰显供电公司用心服务的主要体现方式。无论面临的困难有多大，只要供电公司员工肯用心开拓，创新求索，就一定能够找到解决问题和矛盾的有效途径。

案例12　贴心服务降成本　精诚合作促双赢

案例提要

利用供电公司专业技术优势，结合用电数据主动分析客户电量电费构成，优化电价执行策略；查勘客户用能情况，提供综合能源服务；结合客户设备健康水平，协助开展安全用电服务，降低客户生产成本，提高供电可靠性。

案例分类

抄表收费

服务过程

××食品有限公司为集团客户，下属多个分公司在某供电公司两个供电所辖区用电。4月份，抄收工作人员在电费抄收过程中，所辖客户反映售电电价偏高的困惑，希望得到帮助和支持。次日，抄收人员报告主管领导后，组织电费核算人员分析客户多月电量电费数据，安排用电检查人员现场核实客户用电负荷、变压器容量等情况后，建议客户将基本电费的计算方式由按需量收取调整为按容量收取。电价策略调整的效果十分显著，5月份客户基本电费降低5000余元，平均电价由0.8元/千瓦时下降到0.74元/千瓦时。

现场服务过程中，该供电公司发现客户有综合能源服务方面的诉求，便协调节能公司技术力量积极介入，勘查客户用能情况，制定综合能源托管方案，以提高供水锅炉、中央空调、抽水电机等设备能源利用率，并与客户集团公司积极主动协商，获得客户认可后得以实施，客户每月减少成本支出近2万元。

取得效果

供电公司贴心的专业服务，不仅让用电客户有效降低了生产成本，而且取得了客户的信任和赞誉。

案例点评

随着电力体制改革的深入推进，电力市场竞争压力日益凸显，垄断行业优势逐步减弱，电力客户对供电企业提出了更高的服务要求，不仅要求诉求响应更高效便捷，而且要求服务更经济实惠。“微笑挂在脸上，服务记在心上”，供电企业只有搭建客户导向型的服务机制，才能真正变被动服务为主动服务；只有积极主动为优质大客户提供差异化增值服务，在服务中交心，在合作中互赢，才能在配电增量市场竞争中不断拓展，才能真正提升公司的市场竞争力。

三、95598 服务

(一) 不良服务事件

案例 13 知识应用不到位 错误解答引风波

案例 14 客户咨询问进度 答复每日打热线

案例 15 工单遗漏未派发 延误抢修客户怨

案例 16 知识更新不准确 信息错误引投诉

(二) 优质服务事例

案例 17 巧思妙想转方式 主动服务暖人心

案例 18 集中指挥效率佳 业务融合显成效

（一）不良服务事件

案例 13 知识应用不到位 错误解答引风波

案例提要

客户咨询“有机肥加工厂”电价执行标准，客户代表未正确答复，引发客户投诉。

案例分类

95598 服务

事件过程

2017 年 3 月，客户高先生新办了一家有机肥加工厂，到供电公司申请业扩新装业务，供电公司在现场勘查后答复了供电方案，根据省物价主管部门相关规定，有机肥加工不属于农业生产用电范围，执行一般工商业电价。但高先生认为该工厂是在当地农委、畜牧局批复立项的农业项目，应该执行农业生产用电电价。

高先生认为供电公司定价偏高，于是拨打 95598 进行咨询。接听电话的 95598 客服专员小宋刚刚上岗不到三个月，对各地的电价政策还不够熟悉，高先生说话语速很快，情绪激动，并拿出当地政府农业管理部门的批复文件念给小宋听。面对如此情况，小宋心生慌张，没有再详细了解客户具体生产经营范围，也没有按照知识库中相关的电价政策知识点进行正确答复，只是以“也许”“可能”等词汇含糊应答，造成高先生更加疑虑，认为供电公司执行电价标准有误，有意定高电价，于是直接表示要投诉当地供电公司的业扩现场勘查人员。

造成影响

因 95598 客服专员未按知识库内容做好解答工作，导致客户对供电公司电价执行标准产生误解并引发投诉，给基层供电公司的正常业务带来了麻烦，同时也影响了国家电网公司的企业形象。

应急处理

（1）事件发生后，95598 客服主管立即联系客户进行沟通解释，向客户说明销售电价适用范围的相关规定，取得了客户理解。

（2）客户服务中心以此为典型，就应答技巧和知识库运用方面开展专项业务培训，提升 95598 客服专员的业务能力和服务技巧。

违规条款

本事件违反了以下规定：

（1）《国家电网公司 95598 客户服务业务管理办法》第二十五条第一款第 1 点：国网客户服务中心受理客户诉求时，应了解客户诉求原因，当遇到情绪比较激动的客户时，应尽量缓和、疏导、安抚客户情绪，做好相关解释工作。

（2）《国家电网公司供电服务规范》第四条第五款：熟知本岗位的业务知识和相关技能，岗位操作规范、熟练，具有合格的专业技术水平。

（3）《国家电网公司供电服务规范》第十四条第三款：受理客户咨询时，应耐心、细致，尽量少用生僻的电力专业术语，以免影响与客户的交流效果。如不能当即答复，应向客户致歉，并留下联系电话，经研究或请示领导后，尽快答复。

暴露问题

（1）客服专员业务能力不强，未详细询问客户的生产经营范围，也未按知识库相关内容进行有效解答，导致客户误认为供电公司电价执行错误。

（2）客服专员沟通能力欠缺，没有积极安抚客户情绪并做好疏导工作，导致客户投诉。

案例点评

95598 供电服务热线是国家电网公司重要的服务窗口，客服专员的一言一行都代表着企业的形象。本案例中，客服专员在受理情绪激动的客户电话时，未能沉着冷静思考问题的解答方案，也未依据知识库的内容向客户解释并宣传电价政策，最终引发客户投诉。在客户的感知中，95598 客服专员的解答就是企业的标准，因此 95598 客服专员在服务过程中，要重视每一句话的力量，一句话可以让客户笑，一句话也可以让客户跳，其产生的效应截然不同。唯有不断地提高业务技能和应答技巧，准确、及时地答复客户的每一个诉求，才能赢得客户的理解和满意。

案例 14　客户咨询问进度　答复每日打热线

案例提要

“掌上电力”APP 因系统升级不能正常使用，客户拨打 95598 热线要求告知其升级进度，客服专员查询未果，告知其可每天拨打 95598 进行查询。

案例分类

95598 服务

事件过程

客户孙女士在“掌上电力”APP 中为家中老人共关联了五个用电户号，以便随时掌握电量使用情况。2016 年 6 月，该省公司“掌上电力”APP 因系统升级暂停使用，孙女士发现无法查询用电情况，于是致电 95598 热线进行咨询。当时，95598 客服部门尚未收到“掌上电力”APP 的系统升级通知，接听电话的客服专员简单答复孙女士：“目前没有收到升级通知，暂时不了解升级进度。”孙女士表示：“能不能请你们热线部门了解一下‘掌上电力’APP 升级的情况，有消息了请电话告知我一下。”该客服专员未经认真思索求证，直接答复孙女士：“这类问题不属于本部门业务范围，如果要知道‘掌上电力’APP 升级的实时信息，您可以每天打一次 95598 电话咨询。”孙女士十分气愤地挂断电话。

造成影响

客户诉求未解决，且对客服专员答复方式很不满意，于是向市长热线进行投诉。

应急处理

事件发生后，该客服专员所属的95598客户部门主管及时与信息管理部门联系，了解“掌上电力”APP的升级情况，立即致电客户告知进度并深刻道歉。

违规条款

本事件违反了以下规定：

（1）《国家电网公司供电服务规范》第四条第二款：真心实意为客户着想，尽量满足客户的合理要求。对客户的咨询、投诉等不推诿，不拒绝，不搪塞，及时、耐心、准确地给予解答。

（2）《国家电网公司员工服务“十个不准”》第五条：不准违反首问负责制，推诿、搪塞、怠慢客户。

（3）《国家电网公司供电服务规范》第十四条第三款：受理客户咨询时，应耐心、细致，尽量少用生僻的电力专业术语，以免影响与客户的交流效果。如不能当即答复，应向客户致歉，并留下联系电话，经研究或请示领导后，尽快答复。

暴露问题

（1）客服专员上岗培训不到位，不清楚岗位职责，与客户沟通过程中出现服务忌语，造成客户不良感知，向市长热线投诉。

（2）客服专员缺乏主动服务意识，没有进一步了解客户的主要诉求及需要解决的问题，未落实首问负责制。

（3）“掌上电力”APP升级信息未及时传递至国网客户服务中心，渠道间信息共享不到位，导致无法为客户提供精准的服务。

案例点评

“互联网+”已成为社会创新发展的强劲引擎，近年来国家电网公司在“互联网+”供电服务方面进行积极探索，以客户乐于接受的电子渠道为客户提供便捷、高效的服务。但在提供多渠道服务的同时，应加强各渠道的信息共享和补充，保证信息的一致性和同步性，为客户提供准确、有效的服务信息。95598 供电服务热线作为供电企业与客户沟通的“桥梁”，要发挥好桥梁的作用，客服专员除了必备的专业知识外，还应有极强的工作责任心和严谨细致的工作态度，学会站在客户的角度去分析问题，才能看得更清、更准，为客户诉求提供理想的解决方案和问题答案。

案例15 工单遗漏未派发 延误抢修客户怨

案例提要

市级配电抢修指挥人员由于工作疏忽，遗漏派发涉及欠费停电的故障报修工单，导致延误故障抢修，引发客户投诉。

案例分类

95598服务

事件过程

2016年7月20日凌晨2时21分，客户李先生出差回到家中，发现家里停电便拨打95598热线进行报修。2时26分国网客服中心将故障抢修工单派发至当地供电公司调控中心配网抢修指挥班，当时配抢班只有一人在岗值班，值班人员经查询电力营销业务管理系统后，初步判定停电原因为欠费停电，并试图通过用电信息采集系统对该报修客户的用电状态进行查证。因系统运行较慢，该工作人员在等待查询结果的过程中遗忘了此报修工单的派发，也未通知抢修人员或台区经理与客户联系处理。李先生一直在家中坐等至凌晨3时29分，一直未见有供电公司抢修人员与自己联系处理，故再次拨打95598进行投诉。

造成影响

由于配电抢修指挥人员夜间值班工作疏忽，延误故障抢修处理，造成客户长时间停电，引起客户强烈不满。

应急处理

接到客户投诉后，配电抢修指挥中心当班值长立即与抢修人员联系，抢修人员迅速赶到现场，核实客户实际停电原因为表后断路器跳闸，抢修人员现场向客户解释停电原因，并为客户恢复了供电。当天 8 时 30 分，配电抢修指挥主管与责任人一同前往客户家中当面致歉，取得了客户谅解。

违规条款

本事件违反了以下规定：

（1）《国家电网公司供电服务规范》第四条第四款：工作期间精神饱满，注意力集中。

（2）《国家电网公司 95598 客户服务业务管理办法》第五部分第三条第二款：地市、县供电企业调控中心应在国网客户服务中心或省客户服务中心下派工单后 3 分钟内完成接单或退单，接单后应及时对故障报修工单进行故障研判和抢修派单。对于工单派发错误及信息不全等影响故障研判及抢修派单的情况，要及时将工单回退至派发单位。

（3）《国家电网公司供电服务“十项承诺”》第二条：提供 24 小时电力故障报修服务，供电抢修人员到达现场的时间一般不超过：城区范围 45 分钟；农村地区 90 分钟；特殊边远地区 2 小时。

（4）《国家电网公司 95598 故障报修业务处理规范》第五条第四点第九款：对非故障停电无需到达现场抢修的，应及时移交给相关部门处理，并由责任部门在 45 分钟内与客户联系，并做好与客户的沟通解释工作。

暴露问题

（1）服务意识、责任心不强。配电抢修指挥人员工作流程、标准执行不严，岗位操作不规范，工作马虎不认真。对于故障报修工单的处理时限要求不够重视。

（2）值班管理不到位。配电抢修值班制度流于形式，配电抢修指挥人员夜间值班精神状态不佳，且一人独立在岗无人监督，派单遗漏未能得到及时发现。

案例点评

对客户诉求的快速响应是优质服务的基本要求。国家电网公司很多基层单位常会以“假如我是客户”为主题开展服务竞赛或大讨论，假如你是客户，半夜停电报修 1 小时却无人问津，能不着急上火吗？95598 供电服务流程、环节分工明确，时限规定精确，是国家电网公司对客户做出的承诺，故障抢修如此，其他服务亦是如此。因此，处在各个环节的工作人员必须要快速响应，各尽其职，才能使一个服务流程圆满办结。此外，要做到快速响应，系统支撑也必不可少，因此不断加强专业系统的融合、贯通，为业务人员提供更快速、更精准的客户用电信息和服务资源信息也势在必行。

案例 16 知识更新不准确 信息错误引投诉

案例提要

因 95598 知识库中的收费标准与实际执行标准不一致，导致客户拨打 95598 咨询时，误以为供电企业乱收费而投诉。

案例分类

95598 服务

事件过程

2 月 13 日，客户刘女士到当地供电所营业厅申请居民新装用电，供电所经现场查勘后制定供电方案，向客户介绍了当地物价管理部门批准的农村居民客户“一户一表”新装工程费用标准和改造最高收费标准为 400 元/户的文件，在征得客户同意后，收取了 400 元并于 2 月 15 日为客户装表接电。刘女士对居民新装费用一直存在疑虑，认为价格过高。

2 月 18 日，刘女士为此拨打 95598 咨询有关居民新装用电收费标准，95598 客服专员通过知识库查询到该供电公司居民客户“一户一表”的最高标准为 300 元/户。原来，由于该供电公司未及时更新 95598 知识库，导致知识库中相关的收费标准是以前已废除的文件。客服专员按照知识库查询结果答复了客户。刘女士得知后认为供电公司多收费，极为不满而进行投诉。

造成影响

由于供电公司工作人员对收费依据未及时在 95598 知识库中进

行更新和维护，造成95598客服专员的答复有误，导致客户误以为供电公司存在乱收费现象而产生不满，引发投诉。

应急处理

事件发生后，客户所辖供电所负责人立即联系客户，向客户耐心解释物价部门批准的相关收费标准，以及与95598客服专员答复不一致的原因，得到了客户的理解。供电公司管理部门立即要求相关人员对国网95598知识库管理系统涉及的相关内容全面进行查漏补缺，并对责任人进行考核，且要求各级营业厅公示最新收费标准。

违规条款

本事件违反了以下规定：

（1）《国家电网公司95598知识管理规范》：95598知识管理应遵循“统一管理、分级负责、及时更新、持续改善”的原则。

（2）《国家电网公司供电服务规范》第四十二条：各省公司营销部每两年组织一次对知识库的全面审核，确保内容完整、准确、适用，满足客户需求。

暴露问题

（1）责任单位对国网95598知识库管理系统重视程度不够，已修改的收费标准未及时、主动提交至国网客户服务中心。

（2）责任单位的知识库运营人员工作责任心不强，导致业务知识维护和更新不及时。

案例点评

95598 供电服务热线承担着为全网供电客户答疑解惑的重任，据统计每天都会有数十万客户致电 95598 咨询各类用电问题。95598 坐席专员并非都来自于供电服务一线，而需要受理的却是来自全国各地的各类供电服务诉求，因此 95598 知识库就是他们的百科全书，知识库运行维护得全面与否、准确与否、及时与否，直接影响了坐席专员的应答水平，也影响了客户对供电公司的看法和印象。95598 受理的客户诉求包罗万象，涉及营销、生产、调度、规划、基建、行风监督、品牌宣传等多部门，要达到“优质、高效、精准”的服务标准，必须增强全员服务意识，主动、及时提供准确的服务知识支撑。如果知识库中的服务信息不准确、更新不及时，将会造成批量的服务偏差，致使供电公司信誉受损，同时也给自身增加了不必要的服务压力。

（二）优质服务事例

案例 17 巧思妙想转方式 主动服务暖人心

案例提要

一位有发声障碍的客户来电，客服专员灵活选择交流方式，引导客户说出户号，排查出停电原因，帮助客户顺利解决问题。

案例分类

95598 服务

服务过程

9 月，国网客户服务中心某客服部客服专员受理一通特殊电话，客户电话中只有声音没有语言，只传来忽高忽低的“啊、啊、啊”，不成语调，也没有音节。客服专员三次礼貌询问后，客户依然有声音没语言。按照规定，如果提示三次客户依旧不说话，则可礼貌结束通话。客服专员想过要挂断电话，但是通过连续的三次询问，发现客户很急切、很努力想要表达诉求，却无法说话，可能存在语言发声障碍。此时，客服专员根据以往经验，巧妙地转换服务方式，通过自己主动提问，让客户来应答的方式进行处理。和客户确认信息、问题的时候，如果问对了，客户就发“啊、啊”声应答，说错了，就不发声，就这样一步一步引导客户表述出了“家中无电”的诉求。在核对客户户号 10 位数字过程中，每个数字都按照报诵 1、2、3、4、5、6…依次类推方式，通过获得客户肯定的应答来核对，并帮其查找停电原因，最后发现该客户是发生了欠费停电。于是客服专员主动告知客户交费方式，在确认客户可以自行交费的情况下，帮其查询了就近的交费地址，同时提醒客户用纸笔进行记录，并嘱咐客户如果遇到问题，可以随时与 95598 进行联系。

取得效果

客户在 95598 客服专员的引导帮助下最终顺利完成了电费交纳，及时用上了电。客服专员用细心和耐心成功帮助客户解决问题。

案例点评

一直以来，国家电网公司承担着为广大电力客户提供普遍服务的社会责任，无论是男女老少、老弱病残，只要是公司的电力客户，我们就有义务帮助他们解决用电问题。这位年轻的客服专员，面对有发声障碍的特殊客户，没有照章办事挂断客户电话，而是站在客户的角度，急客户之所急，想客户之所想，巧妙地转换服务方式，找到了与客户沟通的正确方法，通过耐心的引导帮助客户解决了问题，这正是“你用电，我用心”在日常工作点滴中最真实的体现。

案例18　集中指挥效率佳　业务融合显成效

案例提要

建立供电服务指挥中心，统一调度服务资源，实施营配业务末端融合，提升客户诉求一次解决率。

案例分类

95598服务

服务过程

12月5日11时50分，95598服务热线接到报修电话反映某地某银行电能表烧坏，急需抢修。客服专员将抢修工单派往当地公司供电服务指挥中心，该中心接到工单后，一方面初步研判故障类型，安排抢修班先行赶往现场，同时通过指挥平台分析故障情况，判断出该处是三相四线表，抢修班无法直接更换，需要营销班组参与，且该处如果停电换表，会影响近100户其他客户用电。因此供电服务指挥中心立即通知相关营销计量班组做好带电换表准备，前往现场参与抢修，经过供电服务指挥中心的集中调度和配电抢修、营销现场班组的密切配合，在不停电的条件下顺利更换电能表。13时20分，客户恢复用电。

取得效果

通过营配业务末端融合，从源头解决跨专业、跨部门问题，真正实现一次到场解决客户诉求，提高抢修效率，提升客户服务体验和满意度。

案例点评

经济社会的发展、城镇化水平的提高和电力体制改革的推进，对客户服务快速响应提出了更高要求。国家电网公司以市场为导向，以客户为中心，积极研究“客户体验式”服务新模式，不断优化业务流程，提高客户诉求响应速度及处理效率，以前需要到现场两三次处理的工作，如今按照“一个区域、一支队伍、一次性解决”原则，打破供电服务末端营配专业屏障，实施营配末端融合，真正实现跨专业协同，解决客户诉求多头解决，响应慢、协调难等问题，完善供电服务体系，有效减少客户停电时间与停电次数，提高客户满意度，促使优质服务水平持续提升。

四、营业厅服务

（一）不良服务事件

案例 19　担心解款不方便　拒收现金引投诉

案例 20　睡衣事件酿苦果　意识淡薄毁形象

案例 21　网点撤销未公告　客户办事找不到

案例 22　多次承诺未践诺　重复往返惹人怨

（二）优质服务事例

案例 23　移动“窗口”巧对接　暖心服务送便利

案例 24　小小卡片显细心　防止发票漏错领

（一）不良服务事件

案例 19 担心解款不方便 拒收现金引投诉

案例提要

某供电所营业厅工作人员在受理客户交费业务时，拒绝收取客户现金，要求客户去自助交费机交费，客户表示不满，引发投诉。

案例分类

营业厅服务

事件过程

3 月 15 日下午 5 时左右，客户李女士来到某供电所营业厅交纳电费，收费人员徐某眼见临近下午下班时间，担心收了现金后来不及去银行解款，故告知李女士营业厅电费发票用完了，不能进行现金交费，让李女士自己去自助终端交费。

李女士着急回家做饭，就自己走到营业厅里的自助交费终端进行交费，但由于不熟悉设备操作又交费心切，花了十多分钟才交费成功，此间营业厅收费人员徐某和业务人员张某均没有上前提供帮助。李女士交费后回家忙完家务，立即致电 95598 投诉营业厅拒收现金，并向当地消费者协会反映此事。

造成影响

营业厅服务不到位，不但给客户造成了不便，还影响了客户正当权益。事后，客户通过多种渠道进行了事件反映和投诉，严重影响了国家电网公司良好的服务形象。

应急处理

事件发生后，供电公司立即核实情况，并主动向客户道歉，对责任人进行考核，客户表示满意。

违规条款

本事件违反了以下规定：

（1）《国家电网公司员工服务“十个不准”》第四条：不准违反首问负责制，推诿、搪塞、怠慢客户。

（2）《国家电网公司客户服务提供标准》第五条：各等级供电所营业厅应具备“收费”服务功能；第六条第七款：供电所营业厅坐收电费的服务流程。

暴露问题

（1）营业厅工作人员服务意识淡薄，沟通能力欠缺，未能充分尊重客户选择权，同时在客户操作自助交费终端不熟练的情况下也未给予指导帮助。

（2）营业厅电费发票准备不足、现金管理手段不能有效支撑优质服务，营业厅现金管理与发票管理不到位。

案例点评

服务无小事。本案例看似是服务中的小问题，但是小的服务问题，可能会引发客户不良服务体验，造成客户不良服务感知，特别是在客户维权意识日益增强的情况下，小的业务问题很可能酿成大的服务事件。供电所营业厅是电网企业的服务窗口，分布点多面广，任何一名营业厅工作人员的不规范服务行为，都有可能会为企业带来负面影响，所以要进一步加强营业厅工作人员培训，规范供电所营业厅日常运营管理，以实际行动维护国家电网公司的良好品牌形象。

案例 20　睡衣事件酿苦果　意识淡薄毁形象

案例提要

抄表催费人员身着睡衣在供电所营业厅办公，遇客户咨询时态度恶劣，答复客户“你没看到我有事啊!”，导致客户不满。

案例分类

营业厅服务

事件过程

2016 年 4 月 20 日中午休息时段，某县供电公司抄催人员谭某（非营业厅工作人员），在家中接到一位欠费停电客户来电，客户告知已交清欠费，家中着急用电，请谭某尽快给予复电。此时临近下午上班时间，谭某为方便起见，在结束与客户通话后直接穿着睡衣就近到家对面的供电营业厅（D级，单一功能收费营业厅），在营业柜台内的计算机上登录业务系统，实施系统复电操作，且在此办公一直未离开。

当时营业厅正在正常营业，客户张先生来营业厅交电费，见营业柜台内一名收费人员正在收费，而旁边工位上的谭某正在操作电脑，就向谭某咨询户号，谭某当时正忙于手头欠费停复电工作，没有理睬客户咨询，张先生连续询问三遍后，谭某不耐烦，回答客户：“你没看到我有事啊。”张先生不再询问谭某，另找旁边的收费人员交纳了电费，并且在走出营业厅后立即拨打 95598 投诉谭某态度恶劣。

造成影响

非营业厅工作人员身着睡衣在营业厅办公，且态度恶劣，严重损害了供电企业的窗口服务形象。

应急处理

事件发生后，相关管理人员与责任人立即上门给客户致歉，组织召开事故分析会，对相关人员严肃处理，并迅速开展全员服务规范培训。

违规条款

本事件违反了以下规定：

（1）《国家电网公司供电服务规范》第二章第七条第一款：供电服务人员上岗必须统一着装，并佩戴工号牌。

（2）《国家电网公司员工服务“十个不准”》第五条：不准违反首问负责制，推诿、搪塞、怠慢客户。

暴露问题

（1）营业厅现场管理不到位，风险意识淡薄。营业厅工作人员对非窗口人员着装不规范并擅自进入营业厅柜台内办公，且对客户态度差的违规行为未及时制止，营业厅现场管理缺失。

（2）抄表催费人员规范意识、服务意识淡薄。抄表催费人员认为自己不是营业厅人员，客户咨询不关自己的事，服务态度差；上班时间不按要求规范着装，未经允许、图方便擅自离岗到营业厅办公，行为自由散漫，严重影响供电企业形象。

案例点评

供电所营业厅是电网企业的服务窗口，工作人员的服务行为直接代表着国家电网公司的服务形象。任何员工应意识到当自己在营业厅时，任何言谈举止都代表着供电所营业厅的服务形象。因此，加强供电所营业厅，特别是小型、分散乡镇供电所营业厅的现场管理，显得尤为重要。此外，供电所营业厅在营业时间应始终保持规范、严谨的服务状态，对发生在营业厅的不良服务行为，营业厅工作人员应及时制止，并进行服务补救。

案例21 网点撤销未公告 客户办事找不到

案例提要

某营业厅撤销不彻底，且未张贴相关告示，引发客户投诉。

案例分类

营业厅服务

事件过程

某县供电公司按照新的营业厅布点规划，将县里某乡镇营业厅（C级）撤销，其区域客户并入邻镇的供电所营业厅服务范围。考虑到该镇面积较大，客户数量较多，多数客户已经习惯在该厅交纳电费，为方便客户，该营业厅仍在每月下旬开门数日为客户提供收费服务，其他时间关门不营业。但由于工作疏忽，该营业厅并未就此事张贴告示，且未向95598知识库报备，营业厅的铭牌、营业时间牌、门楣等设施也未拆除。一位平时在外务工的客户回家后，以为该营业厅仍正常营业，该客户连续三天到该营业厅办理业务，发现营业厅一直未开门，于是拨打95598电话咨询，得到答复是营业厅地址无误且应该正常营业。客户非常不满，进行了投诉。

造成影响

营业厅地址、营业时间和服务项目发生变更时，未张贴公告广而告知，也未就此事向95598报备，导致客户多次往返未能办理业务，影响了客户的正常用电，进而引发投诉，严重影响了企业形象。

应急处理

事件发生后，工作人员立即联系客户为其办理了相关业务。同时，供电公司对营业网点地址变更进行公告并报备95598，且将该营业厅彻底改造成交费服务点。

违规条款

本事件违反了以下规定：

（1）《国家电网公司供电服务质量标准》第六条第十六款："客户交费日期、地点和方式发生变更时，应在变更前10个工作日告知客户。"

（2）《国家电网公司供电客户服务提供标准》第五条：供电营业厅的服务环境应具备统一的国家电网公司标识，整体风格应力求鲜明、统一、醒目。

（3）《国家电网公司95598知识管理规范》第三条：95598知识管理应遵循"统一管理、分级负责、及时更新、持续改善"的原则。

（4）《国家电网公司供电客户服务提供标准》第五条（5.1.2.2）：C级营业厅、D级营业厅（单一功能收费厅）可结合服务半径、营业户数、日均业务量等实际情况实行无周休制，如果周末遇当地赶集日、交费高峰期应安排营业。

暴露问题

（1）工作人员责任心不强，服务意识不到位，未意识到应及时张贴公告。供电公司的营业厅日常管理不到位，未及时发现营业厅工作不规范的问题。

（2）营业厅改造不彻底，既决定将其撤销，又没有拆除相关设施，导致客户误解。

案例点评

细微之处方能彰显优质服务，一张小小的告示，代表着供电公司严谨务实的服务作风和处处为客户着想的服务理念。近年来，各地供电公司为了整合前端服务资源，提高服务质量，对一些乡镇供电所营业厅进行了撤销合并。本案例中的县供电公司既决定撤销该镇营业厅，却又担心给客户交费带来不便，将撤未撤，本是好心，却办成了坏事，基层员工的疏忽大意，给客户带来不便的同时也给自己惹了麻烦。如果工作人员在工作中能够思考更多一些，措施更细一些，就能为客户营造良好的服务体验。

案例 22　多次承诺未践诺　重复往返惹人怨

案例提要

客户三次反映低保电量异常问题，城区营业厅、供电所均答复会安排人员处理但违诺，引发投诉。

案例分类

营业厅服务

事件过程

2017 年 2 月，低保客户陈先生来到城区营业厅，询问自己的用电户在 2016 年 12 月份为什么没有优惠 30 千瓦时电量，营业厅人员受理后发现确实存在遗漏，原因可能是系统漏算优惠电量，于是告知陈先生下次电费发行时会将其补上。2017 年 4 月，陈先生交电费时发现优惠电量仍然没有退补，故再次到城区营业厅询问，营业厅人员联系某供电所（该户属于此供电所客户）安排退补事宜。此后，陈先生又到该供电所营业厅咨询，被告知过两天会有工作人员联系处理，但至 5 月份仍未解决，陈先生觉得自己跑了三次营业厅，30 千瓦时的电量拖了半年都没解决，于是致电 95598 投诉。

造成影响

低保客户因 30 千瓦时优惠电量未核算一事，三次反映均未得到解决，造成客户重复往返，引发投诉。

应急处理

事件发生后，供电公司立即派人向客户致歉，并将客户本应优惠的30千瓦时电量进入退补流程，安排立即退补电费，同时对事件责任人进行考核。

违规条款

本事件违反了以下规定：

（1）《国家电网公司员工服务“十个不准”》第五条：不准违反首问负责制，推诿、搪塞、怠慢客户。

（2）《国家电网公司供电服务质量标准》第六条第三十款：接到客户反映电费差错，经核实确实由供电企业引起的，应于7个工作日内将差错电量电费退还给客户，涉及现金款项退费的应于10个工作日内完成。

暴露问题

（1）供电所营业厅客户诉求跟踪解决机制不健全，服务承诺的事项未能兑现。

（2）电费人员未能及时发现客户应享受的优惠电量。

（3）城区营业厅未能落实首问负责制，造成客户往返奔波。

案例点评

营业厅业务种类繁杂，除了传统的业扩报装、收费等业务外，还会遇到客户各种各样的个性化诉求，营业厅工作人员的回答，就代表着供电公司对客户的庄严承诺。所以工作人员一定要提高思想认识，严格落实“首问负责制”，及时记录传递客户诉求，跟踪反馈处理情况，不能因为工作繁忙而遗忘对客户做出的承诺，更不能来回推诿客户。同时，后台业务部门要对服务前台给予有力的支撑，保证工作有效闭环。

（二）优质服务事例

案例 23 移动“窗口”巧对接 暖心服务送便利

案例提要

面对城中村改造，大量的拆迁户有销户需求，营业厅人员主动服务，获得三赢。

案例分类

营业厅服务

服务过程

4 月起，某市集中开展城中村改造，涉及城区 2500 多户居民，拆迁办要求拆迁户自行前往供电公司销户。

供电公司考虑到拆迁范围广、户数多，客户办理销户时间较为集中，为方便老百姓，就对接政府拆迁办，组织营业厅工作人员在拆迁现场开设销户绿色通道，现场为客户办理销户手续，同时温馨提示客户交清最后一笔电费即可销户。通过供电公司主动服务，该区域 2500 户客户在一个月内就顺利完成了销户工作。

取得效果

该供电公司的做法既方便了老百姓办理销户，又保证了公司的电费回收，也给政府高效完成拆迁工作提供了有力支撑，此举受到政府、街道和广大拆迁户的认可和赞誉，当地媒体也对此事进行了报道，认为供电公司真正做到了“服务民生、群众满意”。

案例点评

当前城市发展快，城镇化程度提高，涉及拆迁的群体非常多，该起案例中供电公司通过主动与拆迁指挥部门对接，供电营业厅服务关口前移，现场设置便民服务点，“一站式”办理销户、拆表、结算电费等，既保证了电费回收，又用优质、周到的服务使群众满意，真正做到客户满意、政府放心。供电服务工作要与各种各样的客户打交道，不同的时间、地点、背景下，遇到的情况纷繁复杂，这就要求工作人员在国家法律法规和国家电网公司规章制度的范围下，充分开动脑筋，灵活处置应对，让服务手段不断进步，服务质量不断提高。

案例 24 小小卡片显细心 防止发票漏错领

案例提要

面对电费增值税发票漏领、错领频繁发生的情况，营业厅为客户制作了增值税发票换领卡，让客户对换领的情况一目了然，获得用户广泛好评。

案例分类

营业厅服务

服务过程

营改增工作开展以来，要求换领电费增值税发票的客户不断增加，某城区供电所营业厅每月要换领 1 万多张电费增值税发票。前来换领的客户经常不是财务人员，而是客户单位的其他工作人员或司机顺道前来，常会发生漏领、错领的情况，给财务做账造成了不便。为此，该营业厅设计制作了增值税发票换领卡，卡片正面由营业厅工作人员记录客户换领的情况，卡片背面是客户填写的需换领的增值税户号信息，领票客户可以携带此卡前来换领，既保证了换领发票的严谨和准确，也使客户对发票认领情况一目了然。

取得效果

自客户使用换领卡以来，没有再出现漏领、错领增值税发票的现象，此举得到客户的广泛好评，也规范了营业厅增值税发票管理工作。

案例点评

创新引领发展。供电公司的业务在不断变化，供电公司员工在日常工作中就会遇到各种各样的新问题，而这些问题往往都发生在服务一线，这就要求员工必须沉到基层去，充分接地气，站在客户的角度，千方百计地创新服务方式、丰富服务手段，以小创新发挥大作用，为供电公司的员工减负，也让客户体验到更加方便、快捷的供电服务。

五、供电抢修

（一）不良服务事件

案例 25　抢修服务不规范　好心代购引祸端

案例提要

抢修人员收取客户 50 元表后断路器代购费，承诺为客户购买断路器更换，事后遗忘。

案例分类

供电抢修

事件过程

12 月 2 日客户王先生因家中停电拨打 95598 报修故障，抢修人员李某现场检查后发现是表后漏电断路器烧坏，于是先采取短接方式临时处置，并告知故障属于客户侧资产需自行购买断路器修复。王先生年纪较大，出行不便，在了解故障原因后，委托抢修人员代购漏电断路器再进行更换，并预付 50 元现金，李某收取后与客户约定多退少补。

随后，李某回复报修工单处理结果“客户表后漏电断路器烧坏，属于客户内部故障，已修复完毕，恢复正常用电”。后来由于抢修任务较多，李某忘记了承诺客户王先生代购漏电断路器并帮忙更换一事。12 月 5 日王先生拨打 95598 投诉抢修人员李某“乱收费”。

造成影响

抢修采取临时短接措施，处理不完善，存在安全隐患。收取客户费用后未及时购置断路器为其更换，口头承诺未兑现，给客户造成了“乱收费”的印象，对国家电网公司的企业形象造成了不良影响。

应急处理

（1）12 月 5 日抢修班班长带领 12 月 2 日当班抢修人员，携带新购买的漏电断路器免费为客户安装更换，向客户提供断路器发票并退回余额，同时表达歉意，取得客户谅解。

（2）紧急召开投诉典型案例学习分析会，进一步明确抢修服务工作要求，强调服务有诺必践、工单回复真实准确、抢修闭环管控到位，统一思想，加强教育。

违规条款

本事件违反了以下规定：

（1）《国家电网公司供电服务规范》第五章第二十条第一款：提供 24 小时电力故障报修服务，对电力报修请求做到快速反应、有效处理。

（2）《国家电网公司 95598 客户服务业务管理办法》第二十五条第一款第 4 项：处理部门回复工单时，应做到规范、全面、真实。

（3）《国家电网公司配网故障抢修管理规定》第一章第四条：“综合协调”是指各专业（保障机构）工作协调配合，建立配网故障抢修协同机制，实现“五个一”（一个用户报修、一张服务工单、一支抢修队伍、一次到达现场、一次完成故障处理）标准化抢修要求。

（4）《国家电网公司配网故障抢修管理规定》第五章第三十一条：对采取临时措施复电的故障，应做好记录、移交及后续故障处理工作。

暴露问题

（1）抢修人员工作责任心不强，随意承诺，有诺不践。

（2）抢修质量不达标，未落实好“首到必修，修必修好”的标准化抢修工作要求。

（3）95598报修工单回复不完整，未准确、真实地记录、反馈实际抢修情况。

（4）岗位规范要求不熟悉，采取临时措施修复故障后，未做好相关记录导致疏漏遗忘。

案例点评

扶危济困是中华民族的传统美德，国家电网公司也始终倡导“诚信、责任、创新、奉献”的核心价值观。本案例中抢修人员因客户出行不便，代客户购买表后断路器免费更换本身也是用实际行动践行国家电网公司核心价值观。但由于工作人员责任心不强，服务规范执行不到位，最终“好心办坏事”，不仅没有让客户感受到供电企业的“有情”服务，还被质疑“乱收费”，影响了企业形象。我们为每一位员工的真情付出点赞，但也提醒每一位员工面对千千万万的客户，任何一次的疏忽大意都有可能埋下服务隐患。“有诺必践，践诺必果”，真心实意为客户提供优质服务，这样才能为客户把“好事办好，实事办实”。

案例 26 抢修途中接工单 连续疏忽漏抢修

案例提要

供电公司抢修人员因工作马虎、疏忽，致使客户报修 24 小时后一直没有工作人员与其联系并来处理。

案例分类

供电抢修

事件过程

5 月 23 日 16 时供电公司抢修人员周某接到关于某街道的故障报修工单，此时他正巧在该处处理低压线路故障，在未与客户进行联系的情况下，周某误认为客户报修地点与正在抢修的地点相同，是同一个故障。16 时 45 分周某将低压线路故障处理完毕，并回复过程中收到的报修工单，期间因疏忽大意，抢修完成前后均未与报修客户联系。

当日 16 时 50 分，报修客户再次致电 95598 催办，配电网抢修指挥班人员接到催办后，查询前次的报修工单发现抢修记录显示已完成复电，认为处理完毕，于是也没有与客户电话联系核对，就直接将催办工单办结。

次日客户致电 95598 投诉，表示反映的低压线路打火的情况一直没有人员处理也没有电话联系。接到投诉工单后，抢修人员周某才前往现场于 5 月 24 日 17 时处理完毕，并向客户说明情况，取得客户谅解。

造成影响

因供电公司抢修人员及远程工作站人员工作不到位，导致客户反映的低压线路问题长时间得不到处理，造成客户产生不满情绪引发投诉。

应急处理

（1）接到客户投诉后，供电公司立即派人调查，并及时与客户取得联系，处理故障，主动向客户道歉，并对责任人进行考核，得到客户的谅解。

（2）组织抢修人员及远程工作站人员进行反思学习，梳理工作漏洞，统一思想，举一反三，提高工作责任心及服务意识。

违规条款

本事件违反了以下规定：

（1）《国家电网公司供电服务“十项承诺”》第二条：提供24小时电力故障报修服务，供电抢修人员到达现场的时间一般不超过：城区范围45分钟；农村地区90分钟；特殊边远地区2小时。

（2）《国家电网公司供电服务质量标准》第六条第八款：若因特殊恶劣天气或交通堵塞等客观因素无法按规定时限到达现场的，抢修人员应在规定的时限内与客户联系，说明情况并预约到达现场时间，经客户同意后按预约时间到达现场。

暴露问题

（1）抢修人员服务意识不强，服务观念淡薄，接到报修后未及时联系客户，误以为客户所报修故障点与正在抢修地点相同，未及时联系客户进行故障处理。

（2）远程工作人员服务敏感性薄弱，接到客户催办，未引起足够的重视，也未与客户核对故障情况，直接认定了原工单错误的处理意见，导致客户升级投诉。

（3）工单处理各环节均未严格按照工作要求执行，整体服务团队的服务意识、工作责任心存在缺失。

案例点评

客户服务是一项细致的工作，容不得半点马虎。工作人员的任何疏漏都可能给客户带来不良感知，给供电企业形象造成负面影响。本案例中远程工作人员及抢修人员就因为工作不细致、不严谨，规范执行不到位，引发客户的不满和投诉，折射出供电企业日常服务细节中还存在的诸多问题。“认真做事只是把事情做对，用心做事才能把事情做好”，为了更好地为客户服务，多一通确认的电话，多一句耐心的解释，多一些热情的引导，就可以避免很多的误解和不满，真正在细微之处彰显优质服务。

案例 27　深夜报修遭拒绝　态度恶劣惹人怒

案例提要

一居民客户拨打 95598 报修，抢修人员在联系客户时态度恶劣，指责客户拨打 95598，并推诿客户次日处理。

案例分类

供电抢修

事件过程

1 月 20 日 23 时 10 分，客户梁先生致电 95598 报修单户停电，抢修人员吕某在接到故障报修工单后联系客户，了解到客户是单户停电，直接指责客户："就你一户没电，又不是多大的事儿，这么晚打什么 95598，没电就早点睡，你不要睡我还要睡呢，今后别打 95598，有事情也是我们给你处理，现在太晚了，明早再处理。"没等客户说话，吕某就挂断电话。

冬夜天气寒冷，梁先生家中还有生病的老人，急需恢复供电开空调制暖，于是立即再次拨打 95598 进行了投诉，并表示要在微博上发帖谴责。

造成影响

抢修人员缺乏职业道德，以时间晚为由，拒绝为客户及时抢修，有意屏蔽、旁路客户正常反映诉求的渠道，给客户家中老人的正常生活造成影响，导致客户强烈不满，一起普通诉求升级为投诉。

应急处理

了解到客户投诉诉求后，供电公司立即联系客户致歉，并安排当日抢修值班人员前往客户现场进行故障排查，进行了处理，于次日00时38分恢复供电。因抢修及时，没有对生病老人造成影响，没有产生服务舆情。

违规条款

本事件违反了以下规定：

(1)《国家电网公司供电服务规范》第六条第二款：与客户会话时，应亲切、诚恳，有问必答。

(2)《国家电网公司供电服务规范》第五章第二十条第一款：提供24小时电力故障报修服务，对电力报修请求做到快速反应、有效处理。

(3)《国家电网公司供电服务“十项承诺”》第二条：提供24小时电力故障报修服务，供电抢修人员到达现场超时间一般不超过：城区范围45分钟，农村地区90分钟；特殊边远地区2小时。

暴露问题

(1) 抢修人员服务意识淡薄。其非但没有及时为客户排忧解难，还指责客户拨打95598，有意屏蔽、旁路客户正常反映诉求的渠道，与国家电网公司服务宗旨背道而驰。

(2) 抢修服务不规范。故障抢修人员联系客户未使用文明礼貌用语，对客户报修推诿、搪责，反映出人员服务培训不到位、抢修处置管控不到位。

案例点评

提供 24 小时故障报修服务是国家电网公司做出的庄重承诺，高效快速响应是抢修人员的根本职责。客户深夜拨打 95598 报修，通常是遇到了紧急情况，抢修服务更应雪中送炭。此案例中，屏蔽 95598、推诿塞责的言语和行为，既违背了供电企业的承诺，也寒了客户的心，实不可取。近年来，95598 已成为联系客户和供电企业的桥梁、纽带。客户对 95598 的这份信任，不仅来自 95598 本身，更凝聚着千千万万一线服务人员的辛勤和汗水。尊敬他人亦是尊重自己，供电公司一线员工应加快观念转变，自觉规范服务行为，学会换位思考，热心帮助客户，为和谐社会的构建传递光明和温暖。

案例 28　材料器具全忘带　延误抢修又损物

案例提要

抢修人员赴现场抢修，携带材料不够、工器具不足，借用客户工器具后损坏未赔偿，引发客户投诉。

案例分类

供电抢修

事件过程

4 月 9 日 7 时 37 分，抢修人员苏某接到一户无电的故障抢修工单，7 时 53 分赶到现场开展故障排查，经检查发现故障点为低压架空线路连接线老化（表前），需要更换一段线路。因随身携带的电线不够，抢修人员跟报修客户孙先生说了一声就草草返回供电所取电线，30 分钟后重新回到抢修现场。

再次实施抢修作业过程中，苏某又发现忘带工器具，便临时借用了客户家的老虎钳，使用完后不慎将钳子跌落地面，造成钳子损坏。故障处理完毕后，抢修人员苏某没有向客户赔礼道歉也未沟通赔偿事宜，只说了一句“修好了”就匆匆离开抢修现场。客户孙先生认为供电公司抢修欠规范，而且损坏物品没有赔偿，于是拨打了 95598 投诉。

造成影响

故障抢修人员工作散漫、疏忽大意，携带材料不够，延误了抢修时间；损坏客户工器具未赔偿，造成客户经济损失。

应急处理

投诉发生后，供电所工作人员立即与客户联系并致歉，同时准备了一把新钳子作为赔偿，客户表示对处理结果十分满意。

违规条款

本事件违反了以下规定：

（1）《国家电网公司供电服务规范》第十七条第五款：到达客户现场工作时，应携带必备的工具和材料。工具、材料应摆放有序，严禁乱堆乱放。

（2）《国家电网公司供电服务规范》第十七条第六款：如在工作中损坏了客户原有设施，应尽量恢复原状或等价赔偿。

暴露问题

（1）抢修人员工作不严谨、粗心马虎。少带、忘带抢修材料、工器具，延误抢修进度。

（2）沟通联系客户不规范。未清楚告知抢修处理进度，损坏客户工器具未及时道歉，也未沟通赔偿事宜。

案例点评

细节成就完美。故障抢修点多面广、情况复杂，对时限要求高，更应当注重安全措施齐全、人员着装规范、材料准备充分。此案例中，抢修人员忙中出乱、状况频发，不仅没有做到高质高效，反而延误了抢修时间、损坏了客户财物，引发客户不满。关注细节、提升品质，供电优质服务的落脚点就在于具体的措施流程、完善的监督管控、饱满的精神状态。因此，只有加强抢修工作日常管理、强化人员习惯养成、履行常态监督检查，才能保证抢修业务“首到必修、修必修好”。

（二）优质服务事例

案例 29 突发停电巧应对 危机公关安人心

案例提要

供电公司在突发故障停电时，多方协同配合，既做好危机公关工作又迅速恢复供电，避免了客户投诉，确保舆情平稳。

案例分类

供电抢修

服务过程

7 月 28 日晚，某市遭遇强对流雷暴天气，造成 4 条线路故障跳闸，其中 3 条同沟电缆线路各存在着两处故障，从晚间 5 点开始影响集中居住区的 14346 户客户的供电。

该市供电公司第一时间启动故障停电危机公关预案。在故障抢修上，供电公司迅速派人赶赴现场研判故障，实时报送故障情况，在核实故障点不止一处时，立即采取隔离故障点、逐段转供电的处置措施。在客户安抚上，供电公司通过给客户群发短信、逐一电话联系小区物业和居委会、启动备用电源的转供电等方式，迅速让客户了解停电原因、抢修进展及预计送电时间，稳定客户情绪，有序安排生产生活。在舆论引导上，品牌建设中心通过供电公司官方微博主动发声，在发生故障时、抢修进行中、恢复供电后连发 3 条微博，准确发布故障原因和抢修进展，引导媒体、公众引用和掌握权威信息，传达供电企业全力抢修复电的责任行为。

取得效果

供电公司在故障抢修、客户安抚、舆论引导三个方面协同配合，圆满解决历时 9 个小时、涉及 14346 户客户的停电事件，并于第二天凌晨 2 点恢复供电，没有发生舆情，展示了负责任的企业形象。

案例点评

供电公司承担着重大的社会责任、经济责任和政治责任，突发事件来临时，充分展现出企业应有的政治意识、大局意识和责任意识，应对有序、处置得当。各级专业部门高效协同、密切配合，在故障发现、研判、处置等各环节无缝对接、相互支撑，体现了良好的业务素质和强大的危机处理能力。同时，供电公司通过加强与客户、媒体的沟通联系，主动发布信息，保持公开透明，取得了客户、政府、媒体的理解和支持。

案例 30 独居老人报抢修 贴心服务暖人心

案例提要

独居老人停电报修，抢修人员核实故障为室内线路短路，超范围进行服务，获得了客户的真挚感谢。

案例分类

供电抢修

服务过程

12 月 15 日晚 8 时，供电公司配电抢修班接到抢修电话。两名抢修人员冒雨迅速赶往客户家里，了解到王大妈今年 70 多岁，是个孤寡老人，独自住在这个老旧小区的一楼。此次报修只有王大妈一家停电，周围邻居都没有停电。抢修人员排查 10 分钟后，发现王大妈家里的一处照明线路绝缘破损造成短路、出现了跳闸现象，便立即动手拆除短路电线，并开始更换新线。虽然室内故障不属于供电维修范围，但抢修人员考虑到王大妈年事已高，保证老人安全用电是供电企业员工的一份责任，及时恢复了供电，且承诺几天后再义务上门进行一次详细的线路检查，主动提出只要王大妈以后有用电故障方面的问题随叫随到，并留下联系方式。

取得效果

供电企业主动为老人做好超范围的贴心服务，排除老人家中的安全隐患，为老人撑起安全用电“保护伞”，赢得了他们的真挚感谢和信任，也让老人感受到社会的温暖和光明。

案例点评

供电企业员工的一言一行代表着企业的形象。针对客户遇到的困难，供电公司员工能够急客户所急，延伸供电抢修服务范围，积极采取有效措施为客户解决难题，真正做到了“服务至上、客户至上”，凸显了供电公司员工的人情味。这种行为不应该是孤立的，而应该进行广泛的弘扬和推广，坚定供电企业员工履行社会责任及实施优质服务的信心和决心，在更广的维度上塑造供电企业优质服务的品牌形象和以人为本的企业文化。

六、停送电管理

（一）不良服务事件

案例 31　供电质量无保障　惹恼客户毁形象

案例 32　“双 11”停电欠斟酌　工作“吃力不讨好”

案例 33　停电信息更新慢　答复不利客户怨

案例 34　图实不符埋隐患　错发信息引不满

（二）优质服务事例

案例 35　主动调整停电计划　全力减少客户影响

案例 36　紧急停电速通知　周到服务赢赞誉

（一）不良服务事件

案例 31 供电质量无保障 惹恼客户毁形象

案例提要

某供电公司某公用变压器因基建项目停电、计划检修停电、故障停电反复发生，22 天内停电 13 次，引发客户极大不满。

案例分类

停送电管理

事件过程

2016 年 7 月 1 日至 7 月 22 日，某市供电公司 10 千伏线路某台区共发生停电 13 次，该市 7 月份正值酷暑天气，气温一直保持在 35 摄氏度以上，短期内连续发生频繁停电高达 13 次，造成所供客户根本无法正常生活、怨声载道，因频繁停电问题得不到有效解决，连续发生 24 件频繁停电的属实投诉。后来经过核查分析，13 次停电当中，因 35 千伏线路改迁施工计划停电 2 次；线路检修计划停电 2 次；各类故障停电 9 次。

7 月 22 日 10 时，当该公用变压器因故障再次发生停电时，客户忍无可忍，聚众围堵供电公司办公楼，要求供电公司必须给予一个满意的答复。

造成影响

高温期间频繁停电，严重影响客户的正常生产、生活，造成多起投诉，并且由于频繁停电问题得不到有效解决，升级为群体性事件。

应急处理

（1）供电公司立即联系政府，联合安抚客户情绪，并与围堵客户充分沟通，做出承诺，化解了矛盾，避免了事件进一步恶化。

（2）供电公司立即组织充足的抢修力量赶赴现场，迅速恢复了供电。

（3）供电公司立即组织运检部、调控中心、基建部等，召开专题会议，对 13 次停电的原因逐一进行分析，制定了专项整治方案。

（4）供电公司安排运检人员进行了全线隐患排查，并根据整治方案，从线路运维、隐患消除、过负荷、防外力破坏等各方面进行整治，从根本上消除了频繁停电的原因。

违规条款

本事件违反了以下规定：

（1）《供电营业规则》第五十七条：供电企业应不断改善供电可靠性，减少设备检修和电力系统事故对客户的停电次数及每次停电持续时间。供用电设备计划检修应做到统一安排。

（2）《国家电网公司电网设备缺陷管理规定》第十八条：执行上级部门颁布的设备缺陷管理相关制度标准及其他规范性文件；认真开展设备巡检、例行试验和诊断性试验，准确掌握设备的运行状况和健康水平，及时发现设备缺陷；及时、准确、完整地将设备缺陷信息录入生产管理信息系统，按规定时间完成流程的闭环管理。

（3）《国家电网公司安全隐患排查治理管理办法》第四章第二十三条：隐患排查治理应纳入日常工作中，按照“排查（发现）—评估报告—治理（控制）—验收销号”的流程形成闭环管理。

（4）《国家电网公司配网故障抢修管理规定》第四十四条：公司所属各级单位定期开展抢修后评估工作，重点对故障数量、类型、原因，抢修方案、现场作业、安全管理进行认真总结分析，提出相关措施与建议。

暴露问题

（1）停电计划安排不合理。该条10千伏线路，先后安排4次停电，严重影响了供电质量。

（2）配电运维管理不到位。该条10千伏线路及事件中台区公用变压器巡视维护、消缺、隐患排查治理均不到位。在多次发生故障后，仍未彻底消除隐患，造成了停电频繁发生。

（3）该线路、台区公用变压器发生13次频繁停电后，直至客户围堵供电公司问题才得以解决，暴露出事件相关单位、人员缺乏服务意识及工作敏感性，没有及时解决处理问题，直至事件升级。

案例点评

电力是广大客户从事生产、生活最为基本的要素，为广大电力客户提供可靠的电能是供电企业义不容辞的责任，是践行“四个服务”宗旨最基本的要求。安全、可靠地供电，不仅仅是客户的需求，也是供电企业生存、壮大、发展的需求。在本案例中，暴露出供电公司服务管理、设备管理、抢修管理、人员意识均存在着一系列问题，该条线路、台区变压器发生4次频繁停电属实投诉后，仍未引起相关单位、部门的重视，没有认真分析并采取有效措施，任由事态发展，将本来可以避免的“小事”，最终演变为群体上访的“大事”。千里之堤溃于蚁穴。只有真心实意为客户着想，才能将问题、矛盾消除在萌芽状态，才能赢得客户认同，树立良好的企业形象。

案例32 “双11”停电欠斟酌 工作“吃力不讨好”

案例提要

某供电公司为避免影响客户生产、生活，在11月11日零点安排临时检修，结果引发该区域网购客户不满。

案例分类

停送电管理

事件过程

2015年11月，某县供电公司在例行线路巡视过程中发现一处10kV线路安全隐患，11月10日，为减少停电对客户生产、生活的影响，限时抢修线路故障，该供电公司特地制定了11月11日“零点”临时停电计划。临时停电计划执行后，正在准备“双十一”购物节网购的大量客户因家中突然停电，未能抢购到心仪的折扣商品。于是当日凌晨95598接到大量网购客户拨打的投诉电话，反映突然停电对网购，特别是零点抢购、优惠购物造成了很大影响。

造成影响

临时停电计划欠考虑，与网购活动冲突，引发该区域网购客户的群体不满。

应急处理

（1）供电公司接到95598工单后，立即加派人员，在保证安全的前提下，加快工作进度，于零时45分恢复供电。

（2）供电公司对已下达95598的工单，迅速编制了统一的答复方案，并逐一与客户沟通、说明情况。

（3）供电公司迅速启动应急预案，在官方微信、微博发布统一答复、说明情况，对网络舆情进行监控，对微博、论坛涉及该次停电言论统一答复，有效避免了事件扩大和升级。

违规条款

本事件违反了以下规定：

（1）《国家电网公司95598客户服务业务管理办法》第三十一条：供电设施计划检修停电应提前8天，临时性日前停电应提前24小时，其他临时停电应提前1小时完成停送电信息报送工作。生产类停送电信息报送与审核：临时停送电信息，临时性日前停电，地市、县供电企业调控中心应提前24小时向国网客户服务中心报送停送电信息，国网客户服务中心在1小时内完成审核并发布。

（2）《国家电网公司供电服务规范》第四条：熟知本岗位的业务知识和相关技能，岗位操作规范、熟练，具有合格的专业技术水平。

暴露问题

（1）临时停电计划安排不科学、考虑不周全，没有结合当日的特点综合考虑，引发了网民不满。

（2）停电计划管理制度不健全，没有做到与时俱进，缺乏对此类具有时代特点的特殊“节日”的管理要求。

案例点评

现代社会发展越来越快，对供电企业服务要求愈来愈多样化，部分传统的服务方式、管理要求已不适应互联网时代的今天。本案例中，供电企业制定“零点”检修计划的出发点是通过供电公司与员工的努力，减少停电影响，但随着时代的变化，出现了“天猫双 11”“京东 618”等特殊网络节日，使得供电公司的努力反而“吃力不讨好”。因此需要供电企业在服务客户的过程中，切实站在客户的角度，多想一点、多做一点，不断改进传统的方式、方法，紧跟时代步伐，满足客户日益增长的服务需求。本案例过程并不复杂，却极具时代特征，希望通过此案例，每一位供电企业员工、管理人员对新时代下如何做好供电服务工作都能进行深入的思考。

案例33 停电信息更新慢 答复不利客户怨

案例提要

某供电公司安排计划检修，施工过程中遭遇阻工，延迟送电且未及时报送停电信息，影响客户正常用电，引发投诉。

案例分类

停送电管理

事件过程

3月26日7时，某供电公司按计划对某220伏低压线路开展检修作业。17时左右，当地居民因认为供电公司提出的青苗赔偿过低，要求提高赔偿金额未果后，雇用挖掘机进入施工现场，阻碍施工。事件发生后，现场工作人员立即向调控中心汇报，申请停电延时至22时。同时，供电公司请当地政府介入协调，最终让当地居民接受了赔偿方案。施工作业于18时30分继续进行，直至当晚21时05分恢复供电，送电时间比原计划的18时晚了3个多小时。

因延迟送电，18时过后，该停电台区较多客户开始拨打95598咨询复电时间。由于该供电公司调控中心未及时在系统中报送延迟送电原因及变更后的预计送电时间，95598坐席无法准确答复客户，引发3起投诉。

造成影响

施工遇阻致使延迟送电，且未及时更新系统中的停电信息，影响了国网客户服务中心对客户的准确答复和客户的正常用电，引发多起投诉。

应急处理

(1) 供电公司接到第一起客户投诉后，立即核实，根据实际情况在系统内更新了停电信息。

(2) 迅速安排人员与客户逐一取得联系，表达歉意，解释因施工受阻导致未能按发布的时间恢复供电，取得了客户的谅解。

(3) 组织调控中心、运检部、安监部召开事故分析会，按照“四不放过”原则对责任人员进行处理，并完善了停送电信息报送的流程和监督措施。

违规条款

本事件违反了以下规定：

(1)《国家电网公司95598客户服务业务管理办法》附件5第七条第（二）款第5项：停送电信息内容发生变化后10分钟内，地市、县供电企业调控中心应向国网客户服务中心报送相关信息，并简述原因；若延迟送电，应至少提前30分钟向国网客户服务中心报送延迟送电原因及变更后的预计送电时间。

(2)《国家电网公司供电服务规范》第四条：熟知本岗位的业务知识和相关技能，岗位操作规范、熟练，具有合格的专业技术水平。

暴露问题

停送电信息报送管理缺失。调控中心工作人员对停送电信息报送跟踪管控不到位，针对计划检修延迟送电的情况，未按规定报送相关信息。

案例点评

“停送电信息发布”作为95598服务的重要一部分，在指导客户合理安排生产、生活方面发挥着越来越重要的作用。停送电信息报送的及时性、准确性和停电计划执行的刚性都时刻关系着95598服务质量和客户感知。因此，供电公司应高度重视停送电信息报送管理工作，严格遵循“全面完整、真实准确、规范及时、分级负责”的原则，提升95598答复客户诉求效率，减轻基层工单处理压力。

当前，在全员服务的大环境下，没有一个电力员工可以置身于“供电服务”之外，无论你是在“台前”，还是在“幕后”，都应学会站在客户的角度思考问题。“你用电，我用心”的大众传播品牌口号不仅喊在嘴里，更要记在心上，最终根植于我们日常工作的一言一行，深化优质服务，共塑国网品牌。

案例 34　图实不符埋隐患　错发信息引不满

案例提要

某供电公司安排计划停电，由于系统图实不符，造成实际未停电的客户也接到停电通知，影响了客户的生产安排，引发投诉。

案例分类

停送电管理

事件过程

5 月 8 日，客户苏先生的手机收到了一条短信通知，告知 5 月 17 日其所在地有计划停电，停电时间为 7 时至 17 时，短信落款是当地供电公司，苏先生随后拨打了 95598 电话查询，证实了当天确有计划停电。于是根据停电信息，苏先生安排自己的食品加工厂工人在 5 月 17 日放假一天。但到了 17 日当天，苏先生却发现厂里一直没有停电，从早至晚都正常用电，于是苏先生拨打了 95598 进行投诉，要求赔偿停产造成的损失。

经核实，由于该供电公司 PMS 系统图实不符，致使在发布停电信息时，将苏先生所在地错误列入停电信息范围，造成误发停电信息和通知短信。

造成影响

错发计划停电通知，打乱了客户的正常生产安排，给客户造成了一定的经济损失，损害了供电企业形象。

应急处理

（1）客户投诉后，供电公司立即派人查明停电通知错发原因，并与客户取得联系表达诚挚歉意、进行耐心解释，取得了客户的谅解。客户表示不追究经济赔偿责任。

（2）供电公司工作人员立即对配网生产管理系统中图实不符的情况进行整改，同时开展全面自查，杜绝同类问题再次发生。

违规条款

本事件违反了以下规定：

（1）《国家电网公司 95598 客户服务业务管理办法》附件 5 第三条第 1 款：停送电信息报送管理应遵循“全面完整、真实准确、规范及时、分级负责”的原则。

（2）《国家电网公司电力客户档案管理规定》第十七条：客户纸质资料记录与营销业务应用系统和客户现场信息相一致。

（3）《国家电网公司电力客户档案管理规定》第十八条：客户资料归档前，业务办理人员应对资料和数据的完整性、有效性进行检查。检查无误后，将纸质文档扫描上传，并移交档案管理人员归档。

暴露问题

（1）客户基础档案资料管理薄弱。供电公司在客户资料收集、核实、录入等环节管理质量不高、把关不严，造成系统信息错误。

（2）停电信息发布管理存不足。供电公司在发布计划停电信息时，未认真核对停电范围，致使图实不一致问题未及时发现、纠正。

案例点评

供电服务是一个“环环相扣”的复杂过程，每一环都需要各级、各类工作人员以高度认真负责的态度对待、处理，以确保整个服务链条的紧密、坚固。特别是目前各类现代化的管理系统已全面、深入融合到供电公司员工的实际工作中，极大提升服务水平的同时，也对供电公司的基础档案资料管理提出了更高的要求。只有准确地收集、录入各类基础档案资料，才能确保各类系统的正确运行，否则，很可能因为一个小错误而引发一个大问题。本案例反映的就是由于供电公司客户基础档案资料维护错误，致使系统停电通知短信错发，进而给客户造成了一定的经济损失。

“工欲善其事、必先利其器”，在“互联网＋”信息技术日新月异的今天，供电企业只有通过不断夯实基础管理，才能更好地应用各类系统辅助工作，更好地服务电力客户和经济社会发展。

（二）优质服务事例

案例 35 主动调整停电计划 全力减少客户影响

案例提要

因城区城网改造，需对某小区多次停电，影响居民生活，投诉风险高。通过多部门协商，多检修任务同时进行，一次停电完成改造。

案例分类

停送电管理

服务过程

因某市城区某小区线路多为架空线路且跨片区供电，同时存在单电源情况，供电公司计划对该小区进行线路重新布局和配电网线路改造。改造期间，一个月内需对某小区停电两次，并已对外公告。公告期间，因附近楼盘施工过程中，运输车辆撞坏电线杆塔，造成某小区一次故障停电，此时如继续按原方案施工，将严重影响居民生活用电。

为降低电网改造对居民生活的影响，供电公司决定优化停电检修方案，减少停电次数，提升居民用电体验。一是将两次检修计划工作内容合并至一个工作日内进行，并重新组织方案讨论会，增加施工人员数量，提前做好准备相关材料、工器具等前期工作，保证在停电时间内检修工作准时开工、准时结束。二是及时与某小区物业沟通，在小区每栋楼张贴停电信息公告。三是部分检修工作安排带电工作，尽量减小停电范围。

取得效果

配电网改造期间，供电公司确保了居民可靠用电，提升了客户的用电体验。政府、小区客户给予供电公司高度评价，一致认为供电公司真正做到了“你用电，我用心”的承诺。

案例点评

为广大电力客户提供“优质、方便、规范、真诚”的供电服务，是供电公司打造电力品牌的根本所在。供电公司反应迅速、主动修改停电检修方案，加派人员施工，合理安排工作，多措并举积极保障客户的可靠用电，最大限度地满足客户的用电需求，体现出良好的服务意识和高效的服务水平，也得到了客户的高度肯定与赞誉。

案例 36 紧急停电速通知 周到服务赢赞誉

案例提要

某供电公司在紧急停电前及时通知到重要客户，并加强设备监控为客户生产争取时间，避免了客户的经济损失，受到客户好评。

案例分类

停送电管理

服务过程

某供电公司高压班在日常的线路巡视工作中发现某 10 千伏线路存在安全隐患，需紧急停电处理。因该线路带有重要负荷，工作人员迅速将停电信息通知到客户。客户提出生产线上正在生产着一批产品，如果此时停电，这些产品将成为废品，是一笔不小的损失，希望供电公司推迟停电时间。得知客户情况后，供电公司要求所有到现场的操作人员、检修人员密切监视设备运行，做好随时抢修的各项准备，等候客户消息。

几个小时后，客户打来电话表示生产完成可以停电。工作人员在接到客户电话后，立即开始停电操作、设备检修，以最快的时间完成抢修，及时为客户恢复了供电。事后，该客户多次来电感谢并送来锦旗，称赞该供电公司的服务到位。

取得效果

供电公司在紧急停电时，充分为客户着想，避免了客户的生产损失；周到的服务拉近了与客户的距离，受到了客户的好评，树立了企业的良好形象。

案例点评

当客户利益与供电企业的工作发生矛盾时，供电企业更应该勇于担当，积极履行社会责任，以客户为先，树立良好的企业形象。在本案例中，供电企业兼顾安全和客户利益，将优质服务理念渗透到工作的细微处，通过与客户的有效沟通，创造条件满足客户的合理要求，既避免了客户受到损失也保障了电网的安全，以周到细致的服务展现了供电企业的良好服务形象。

七、电能计量

（一）不良服务事件

案例 37　私自换表不告知　客户追查问题多

案例提要

某供电公司排查台区线路损耗发现异常后，未告知客户就为其更换了电能表，导致客户发现自己 2 个月电量异常而投诉。

案例分类

电能计量

事件过程

客户朱女士在交费时中发现自家连续 2 个月电量较往月都有明显增加，于是来到当地供电公司营业厅，反映自家电器数量和使用情况未发生变化，但是用电量与之前相比增加许多，让供电公司解释原因。

经朱女士不断追问，当地供电公司抄表班的工作人员刘某来到营业厅告诉客户，2 个月前，供电公司开展降低线路损耗排查工作，在排查到该户时，发现电能表计量异常，就为客户更换了电能表。由于朱女士当时不在家，所以供电公司换表人员未通知客户。当得知具体原因后，朱女士对供电公司未告知就换表的行为感到非常不满，拨打 95598 进行了投诉。

造成影响

该客户对供电公司换表未告知的问题进行了渲染，采用“悄悄”和“偷偷”等负面表达方式在村里大肆宣扬，使得其他群众对供电公司电费计收的准确性产生怀疑，一时前来供电所询问表计问题的客户非常之多，对供电公司的优质服务形象和央企的良好信誉造成很大负面影响。

应急处理

事情发生后，供电所所长第一时间与村委会沟通联系，通过村广播平台通报批评了该换表人员的违规做法，并积极宣传了智能电能表的便利性以及节约用电和安全用电知识，所长携同抄表员到客户家中说明情况并赔礼道歉。最后，客户表示满意并补交了因表计问题而少计的电费。

违规条款

本事件违反了以下规定：

(1)《国家电网公司供电服务规范》第二十一条：供电企业在新装、换装及现场校验后应对电能计量装置加封，并请客户在工作凭证上签章。如居民客户不在家，应以其他方式通知其底数。拆回的电能计量装置应在表库至少存放 1 个月，以便客户提出异议时进行复核。

(2)《国网营销部关于进一步强化电能表装接串户和客户申校服务措施的通知》第二条：加强营销业务应用系统档案核查，防止档案串户。营业、计量专业要做好协同配合，确保档案、装表工单、电能表设备号与现场情况“一一对应”。

暴露问题

该案例暴露出当地供电公司抄表人员服务意识淡薄，责任心不强，规章制度执行不到位，在发现表计问题后，未按照相关规定通知客户换表并就表底签字确认就换表的问题。

案例点评

电能计量是供电企业的一杆秤。表计问题也是客户最关心的涉及切身利益的问题。国家电网公司自推广安装智能电能表以来，社会上总是不时发出针对表计计量是否准确的质疑声。对此，国家电网公司在针对换表工作时，明确提出了客户告知、表底确认等多项要求，目的就是要通过公开、透明的工作流程，打消客户的疑问和顾虑。而该案例，恰恰就是因为当地供电公司没有履行告知等换表工作中的必要环节，导致客户的知情权被剥夺，继而将心里对于表计计量是否准确的顾虑不断放大，一方面采取投诉行为，一方面制造舆论给供电公司施压。在面对换表等工作时，各公司只有认真贯彻落实国家电网公司规范化服务的要求，增强服务意识，站在客户的角度思考问题，才能打造好客户心中公平、诚信的品牌。

案例 38 工程改造不彻底 解释不足引疑义

案例提要

某供电公司在开展表计接户线改造工作时，未及时对没有实施改造的客户解释未改造原因，导致客户产生疑义和不满，拨打 95598 投诉。

案例分类

电能计量

事件过程

某供电公司委托外部施工单位对其部分台区进行接户线改造，其中有 台区共有 143 户居民，由于材料不足只改造了 60 余户，剩下的客户一直没有再实施改造。

此后，该台区一位尚未完成改造的客户在多方询问过程中，找到相邻另一台区施工人员询问什么时候能进行他们家的接户线进行改造，该施工人员误以为此客户是自己施工范围内的客户，便向其承诺第二天会为其更换接户线。后来该施工人员询问质量监督员(该台区经理)，了解到此客户住处是另一台区的，不在其施工范围内时，便没有安排施工，但也未告知客户。该客户左等右等，连续几天都没有人上门施工，又没有记下施工人员的电话号码，于是拨打 95598 投诉。

造成影响

该客户左邻右舍均进行了接户线改造而自己家没有改，客户心中有疑问，而施工单位在向其承诺第二天就为其改造后又没有兑现，导致客户十分不满。

应急处理

事件发生后，当地供电公司立即安排对该台区未改造情况进行排查，督促外协施工单位立即将客户接户线改造到位，同时向客户进行了解释和道歉，并对责任人进行考核。

违规条款

本事件违反了以下规定：

（1）《国家电网公司供电服务规范》第四条第二款：真心实意为客户着想，尽量满足客户的合理要求。对客户的咨询、投诉等不推诿，不拒绝，不搪塞，及时、耐心、准确地给予解答。

（2）《国家电网公司用电信息采集系统建设管理办法》第二十三条：省、市公司应建立健全完善的组织机制、工作机制，组织各级建设单位制定科学合理的年度实施方案，经勘察设计后再进行施工。

暴露问题

该案例暴露出当地供电公司存在严重的项目管理问题：一是项目设计深度不够，未将改造物资考虑全面，导致台区客户无法一次性全部改造完；二是以包代管，供电公司将应该由台区经理完成的工作交给施工单位去做；三是对施工单位的管控和监督不到位，未能及时掌握台区改造完成情况，无法及时做出应对措施，最终导致客户不满投诉。

案例点评

近年来，国家电网公司加大配网建设和改造力度，各网省和地市公司均安排了大量的相关工程改造项目，这些项目很多都是委托外部施工单位实施。在施工过程中，建设单位以包代管的问题较为突出。将施工工作包给施工单位后，建设方想当然地认为所有相关的管理和服务工作也都由施工单位负责的情况十分普遍。而施工单位的服务理念、服务技能以及服务意识等均无法达到国家电网公司的企业标准，所以由于施工单位问题导致客户投诉的情况就会频繁发生。此案例就是建设方对于项目管理不到位，既没有合理考虑工程量，又放任施工人员对客户进行解释和承诺，导致客户的诉求未能得到满足，疑问也没有得到合理解释。

案例 39　合理诉求未响应　处置推诿酿恶果

案例提要

客户多次反映表箱陈旧破损，现场工作人员敷衍推诿，问题处置不及时，造成表计损坏。

案例分类

电能计量

事件过程

2016 年 9 月 27 日，客户郑女士拨打 95598 热线反映家门口的表箱破损严重，经常发出异响，存在安全隐患，要求更换表箱，之前已经多次向供电所反映，但供电所都以“还没停电，没什么大问题”为由不予处理。

95598 客服专员将工单派发给供电公司，当地供电所工作人员经现场勘查确认表箱确实破损，但是却告知郑女士“目前所里没有表箱了，没办法换，等下一批表箱来了再说吧”，随后未作任何处理就离开现场。几天后，当地连降暴雨造成表箱漏水，表计损坏，造成客户家停电，郑女士向 95598 供电服务热线进行投诉。

造成影响

客户多次诉求一直未得到供电公司重视，最终造成表计损坏，引发客户投诉。

应急处理

事件发生后，供电公司立即赶赴现场为客户解决问题，免费更换表计、表箱，并向客户道歉。

违规条款

本事件违反了《国家电网公司供电服务规范》第四条第二款的规定：真心实意为客户着想，尽量满足客户的合理要求。对客户的咨询、投诉等不推诿、不拒绝、不搪塞，及时、耐心、准确地给予解答。不准违反首问负责制，推诿、搪塞、怠慢客户。

暴露问题

（1）工作人员责任心不强，服务风险意识不强，客户多次反映表箱问题，未及时进行现场查看处置。

（2）现场查看后，主动服务意识不到位，推诿、敷衍，未采取有效措施处理明显的安全隐患，最终造成表计损坏，并引发投诉。

案例点评

该案例中，客户的诉求简单、合理，但供电公司却一直没有给予足够的重视，相关的工作人员存在“多一事不如少一事”的典型侥幸心理；直到客户拨打 95598，现场处置时仍然找理由推诿，缺乏工作主动性，缺乏服务敏感性，最终造成客户利益受损，引发诉求升级。供电服务工作只有站在客户角度思考，少一些麻痹大意，少一些消极侥幸，从客户利益出发，多一些“围着客户转”，才能真正做到让客户满意。

案例40 表计更换失监管 管理不严影响深

案例提要

某供电公司户表更换改造过程中，现场作业不规范，未按规定进行表计信息核对，导致客户止码、资产档案错误。

案例分类

电能计量

事件过程

2016年某市供电公司开展城区大面积智能电能表更换工作。在某小区换表时，工作人员为了省事，换表前没有按规定张贴换表通知，现场换表后也没有与客户核对表码进行表计底码信息确认；同时也没有使用标准装拆工单，而是使用自制的表计信息登记表。在工作过程中，将客户张先生的表计拆码、新表资产编号填写错误，换表工单归档时，工作人员也没有认真核对，造成止码电量结算错误，新表表计档案信息与实际不符，导致计量差错，多计电费。

张先生得知后，致电95598进行投诉，反映供电公司人员在表计更换过程中的一系列问题，表示自己从始至终都不知道换表的任何信息。

造成影响

表计更换未告知，表计底码未经客户确认，填错表码与资产编号造成电费结算、客户表计档案错误。

应急处理

供电公司立即上门核实现场情况，主动解释、道歉，纠正系统错误资料，并及时退补电费。组织相关人员对近期轮换户表档案信息进行全面清理，以防类似情况再次发生。

违规条款

本事件违反了以下规定：

（1）《国家电网公司电能表质量管控办法》第二十条：各省公司在电能表换装前，应在小区和单元张贴告知书，在物业公司或村委会备案；严格按照电能表装拆程序实施作业，轮换工单新、旧电能表起止度应请客户或物业公司、居委会（村委会）工作人员签字确认。

（2）《国网营销部关于进一步强化电能表装接串户和客户申校服务措施的通知》第二条：加强营销业务应用系统档案核查，防止档案串户。营业、计量专业要做好协同配合，确保档案、装表工单、电能表设备号与现场情况“一一对应”。

暴露问题

（1）换表工作不规范。换表未告知，表计起始码未请客户或物业公司、居委会（村委会）工作人员签字确认，表计止码登记错误。现场换表时未使用系统打印的装拆工单，造成客户资产编号填写错误。

（2）表计更换全流程监督管理不到位。表计更换现场作业缺乏监督，未按规范流程换表、未使用标准换表工单的流程无人监管。换表后底码核对、表计资产信息核对工作要求未落实，造成差错。

案例点评

计量工作需要的是“规范、严谨、精准”，一些单位在面对大批量表计更换任务时，以任务重、时间紧为借口，放松管理要求，制度执行不严，措施落实不力，客户基本权益得不到保证，工作差错时有发生。强调工作制度执行的刚性，强调日常工作的规范性，强调工作质量监管的到位性，才能防范类似问题的发生。

（二）优质服务事例

案例 41　小区表箱锈蚀　带电更换获赞

案例提要

老旧小区部分表箱锈蚀严重，供电公司人员主动服务，为客户解决用电安全隐患。

案例分类

电能计量

服务过程

2017 年 10 月，某供电公司台区经理在例行巡视中发现某老旧小区 21 个低压电表箱严重锈蚀，涉及居民客户 200 余户，随即将巡视情况上报供电公司营销部。供电公司立即成立专项整治小组，组织对该小区开展现场勘查和整改计划。为不影响客户正常用电，供电公司实施不停电更换表箱，并张贴了警示标识，提醒广大客户安全用电。

在工作开展过程中，生产和营销等部门相互配合，一边积极进行现场整治处理，加强低压配电网巡视；一边同客户进行有效沟通，片区经理主动与小区的街道办负责人、小区业主代表沟通换表事宜，向客户介绍公司处理流程和具体措施，确保客户了解事情经过，及时消除客户疑虑，提升客户对供电公司主动服务的认可度。

取得效果

供电公司对该小区 21 个表箱进行了更换，未发生一起安全事件，未发生一起客户投诉事件。表箱更换后，客户安全用电有了保障。客户对供电公司的工作给予支持，并表示满意。

案例点评

供电公司主动调整、变革工作方式方法，为客户着想，把“不停电”作为最好的服务。开展表箱改造时，在确保安全的前提下，延伸带电作业范围，实行不停电更换表箱，虽然增加了工作的复杂程度，但最大限度地减少了停电对用户的影响，赢得了客户的理解和支持。

只有主动服务才能取得企业和客户的信任，这是赢得市场的法宝。在当前电力市场改革风起云涌的形势下，供电企业要时刻以市场为导向，以客户为中心，主动变革自我，主动适应市场和客户，本案例中，不论是台区经理积极服务，还是改造施工努力创新，都是主动服务的具体体现。

案例 42 电表谣言引舆情 多方疏导正视听

案例提要

面对网络传播的计量失准谣言，以专业测试、邀请观摩、媒体传播等方式击破谣言正视听。

案例分类

电能计量

服务过程

2016 年 5 月，一则“都市频道以‘六连集’曝光电力企业调高电压致使智能电能表快转”的谣言在某省份部分论坛、微博、微信朋友圈疯传，并引起地方主流媒体关注。面对来势迅猛的负面舆情，供电公司多管齐下，在第一时间堵住谣言洞口，以确凿的事实和正面的声音维护了企业的社会形象。

（1）开展电压波动对电能计量精确度的影响试验，录制现场测试视频，邀请高校知名专家学者现身说法，向广大客户举证说明电压偏高或偏低不影响计量准确。

（2）组织“电力开放日”活动，邀请客户代表、新闻媒体、人大代表实地参观电能表检定流水线，介绍供电企业通过“驻厂抽样检测、整批到货抽检、全批次逐只检测、出货前抽样复测、第三方（省质监局）抽样复查”五道关卡严格管控质量，进行现场互动答疑，增进电力企业与电力客户的交流和沟通。

（3）借助媒体力量正面引导舆论。积极撰写《谣言止于智者》等辟谣文章，通过微信、微博发声，并在人民网、新华网、新浪网等主流媒体刊发，积极争取网络舆论话语权，进行舆论引导，及时制止谣言的进一步扩散。

取得效果

及时响应，多管齐下，通过权威的解答和面对面的交流，消除客户对智能电能表的疑问和误解，借助媒体的力量发布辟谣文章，广泛引导正面舆论，有效化解智能电能表舆情风险。

案例点评

供电服务工作重在得到客户的理解与认可。互联网时代，任何信息都有可能被迅速扩散、放大，面对负面舆情，重在疏导，而不能封堵。这个案例充分说明，在严格管控产品质量的基础上，多关注客户的疑问和需求；多与客户进行沟通交流，及时答疑解惑；调动多方资源，形成宣传合力。通过这些做法，不仅完全可以让网络谣言不攻自破，还能借危机为转机，赢得客户赞誉，展示国家电网公司央企表率、责任担当的良好形象。

八、用电安全与反窃电

（一）不良服务事件

案例 43　检查过程不合规　查处不力反被动

案例 44　违约用电被查处　停电不当被投诉

案例 45　反窃查违入账乱　冲抵线损隐患多

（二）优质服务事例

案例 46　查隐患为客户着想　保安全树公司形象

案例 47　应急处理排隐患　“三定”服务让心安

案例 48　窃电分子诡计多　技防人防终抓获

（一）不良服务事件

案例 43　检查过程不合规　查处不力反被动

案例提要

客户私自从电能表接电，反窃电工作人员只身一人前往，未携带相机、录音笔等设备，无法及时取证，导致第二次到现场处理时反被客户指为供电公司责任。

案例分类

用电安全及反窃电

事件过程

2016 年 6 月，某供电公司接到群众反映某地区有客户窃电后，反窃电班安排 1 名工作人员到现场核实，由于疏忽大意，工作人员未随身携带相机、录音笔等设备。到达现场后，发现该客户电能表铅封被打开，自电能表进线引出其他线路。反窃电工作人员立即要求客户在《违约用电窃电通知书》上签字，等待处理，但是由于未带证件及相机、录音笔等设备，客户拒不配合。随后，该工作人员返回公司，带齐证件、设备与其他同事共同再次来到窃电现场。窃电客户仍不承认自己的窃电行为，反而称电能表铅封打开为刚才供电公司人员所为，同时反问供电公司人员为什么把自己的电能表接错，并要求赔偿损失。

造成影响

反窃电工作人员在反窃电查处工作中违反相关规定，没有第一时间取证，导致窃电客户颠倒黑白，使供电公司处于被动局面。

应急处理

事件发生后，工作人员立即向周边人员咨询取证，并找到路人录制的该工作人员第一次来到现场时的录像，确认电能表铅封非工作人员打开，同时通知用电采集信息班在系统中查找电能表开盖日期及用电量情况，认定了该客户窃电的事实，窃电客户表示认可。

违规条款

本事件违反了以下规定：

（1）《电力供应与使用条例》第三十六条：电力管理部门应当加强对供电、用电的监督和管理。供电、用电监督检查工作人员必须具备相应的条件。供电、用电检查人员执行公务时，应当出示证件。

（2）《国家电网公司供电服务规范》第四条第五款：熟知本岗位的业务知识和相关技能，岗位操作规范、熟练，具有合格的专业技术水平。

暴露问题

（1）反窃电工作人员不规范。用电检查过程应做好证据收集工作。遇到客户不配合，应立即向供电公司汇报，要求供电公司派人到现场处理，而不是回到供电公司再来。

（2）警企联合不到位。在遇到客户不配合时，应立即报警处理。

案例点评

坚决打击窃电行为，是供电公司维护自身合法利益的必要手段，供电公司应按照规定完善窃电查处管理和技术措施，做好现场取证和客户签字确认工作。本案例主要反映出工作人员窃电检查时未严格按照供电公司规定执行，现场检查程序不规范，查处第一现场未及时取证，遇到客户不配合时，未能妥善处置。

案例 44 违约用电被查处 停电不当被投诉

案例提要

重要客户违约用电被查处，拒交违约使用电费。用电检查人员下达停电通知书后客户仍拒签，故其将停电通知书张贴至工厂门口拍照后离开，7 天后再次催交未果，就对该企业执行了停电，引发客户到政府投诉。

案例分类

用电安全及反窃电

事件过程

某化工企业（重要客户）原合同容量变压器为 1600 千伏安，某日，供电公司用电检查人员现场检查时发现客户私自增容一台 630 千伏安变压器，并已使用 3 个月。用电检查人员根据《供电营业规则》第一百条规定，对该企业违约用电行为当场予以制止，并要求拆除私增设备，同时下达了“用电检查结果通知书”，要求该企业限期交纳违约使用电费及补交基本电费共计 151200 元。但该化工企业以亏损为由，迟迟拒交违约使用电费。用电检查人员预对该企业采取停电措施，在仅得到班长同意的情况下，在停电前 7 天对该企业下达了《停电通知书》，但客户拒签，用电检查人员便将《停电通知书》张贴至化工厂门口并拍照后离开。7 天后，用电检查人员直接通过用电信息采集系统对该企业执行了远程停电操作。停电半小时后，该企业以停电引起危险化工气体泄漏为由，向当地县政府投诉。

造成影响

经核实，该次停电后化工厂并未发生危险气体泄漏，此事件虽未造成恶劣后果，但却使政府对供电公司产生随意停电不顾后果的负面印象，同时也给供电企业敲响了警钟。

应急处理

事件发生后，供电公司立即向当地政府进行了汇报，并按照政府的要求，采取“先送电、后解决”的处理原则，立即恢复了对该厂供电，确保不发生化工气体泄漏，并与当地政府共同派员前往调查。经查，该企业当天并未生产，也未发生危险气体泄漏，只是被停电对供电企业有意见，故致电县政府投诉。当日，供电企业与政府共同向该企业宣传解释，说明停电原因，宣传电力法律法规，及时化解矛盾，最终该企业同意交付违约使用电费，事件得以解决。

违规条款

本事件违反了《供电营业规则》第六十七条规定：

除因故中止供电外，供电企业需对客户停止供电时，应按下列程序办理停电手续：

（1）应将停电的客户、原因、时间报本单位负责人批准；

（2）在停电前的3～7天内将停电通知书送达客户，对重要客户的停电，应将停电通知书报送同级电力管理部门；

（3）在停电前30分钟，将停电时间再通知客户一次，方可在通知规定的时间实施停电。

暴露问题

（1）部分用电检查人员的业务素质不足、风险意识较差，对重要、高危客户停电会产生后果的严重性预控不足。

（2）停电程序执行不到位。在停电前，停电通知书未经负责人审批，未将对重要客户的停电通知书报送同级电力管理部门备案。

（3）在客户拒签停电通知书时，只是简单地将停电通知书张贴到厂门口并拍照，而未采取第三方公证送达的方式或通过法律途径解决处理。

案例点评

重要客户供电安全无小事，一旦突然中断供电，极易造成环境污染、群体事件等问题，对国家电网公司形象造成恶劣影响。该案例中的工作人员连供电公司最基本的规章制度都未规范执行，服务风险意识欠缺，工作方式简单，反被客户“先告状”。这也为供电公司敲响了警钟，即使碰到按规办事客户不配合的情况，也要积极与政府沟通汇报，争取政府支持，充分利用法律武器维护企业利益，将主动权牢牢抓在自己手里，别将有理“变”无理。

案例 45 反窃查违入账乱 冲抵线损隐患多

案例提要

供电公司将反窃查违收入冲抵高损台区线损，为客户提供与其户名不符的票据，导致投诉。

案例分类

用电安全及反窃电

事件过程

5 月 2 日晚，某供电所开展对某高损台区线损稽查，发现某客户私自勾挂外线用电，工作人员现场取证下达“用电检查工作单”并告知客户，依据《供电营业规则》有关规定，根据现场查处违约用电设备容量测算，需追补电费 750 元，追补违约使用电费 2250 元，合计共追补 3000 元。客户于 5 月 10 日到供电所接受处理并交纳追补电费及违约使用电费 3000 元，5 月 11 日费用入账。但供电所收取该客户 3000 元追补费用后，为完成线损任务，将该客户违约电费追补至另一高损台区客户名下，造成无法提供违约电费票据，客户随后拨打 95598 投诉。

造成影响

供电公司收取客户窃电追补费用不按真实情况开票，线损、电费指标失真，使客户对供电企业收费产生怀疑，影响了企业形象。

应急处理

供电公司相关管理人员立即开展问题调查，针对工作人员的不规范行为给客户造成的困扰当面向客户解释并致歉，取得了客户的谅解。同时，对入账错误问题进行整改，当月在系统内完成数据还原处理，对违规人员进行处罚并通报批评。并在 5 月 25 日为客户送达了正确的发票，客户表示满意。

违规条款

本事件违反了以下规定：

（1）《供电营业规则》第一百零二条：供电企业对查获的窃电者，应予制止并可当场中止供电。窃电者应按所窃电量补交电费，并承担补交电费三倍的违约使用电费。拒绝承担窃电责任的，供电企业应报请电力管理部门依法处理。窃电数额较大或情节严重的，供电企业应提请司法机关依法追究刑事责任。

（2）《国家电网公司线损管理办法》第十章第七十三条：严禁在线损指标统计上弄虚作假，人为调整统计数据，一经查实，在要求整改的同时将给予处罚，并通报批评。

暴露问题

（1）依法依规、遵章守纪办事的规矩意识淡薄。供电所部分员工服务意识、法律风险意识缺失，业务素质不高导致在反窃查违电费追补过程中不按照相关制度执行，致使该事件的发生。

（2）反窃查违的资金台账管理混乱。县供电公司、供电所未核查反窃查违收入台账，供电所收取客户违约电费后不按规定流程在系统内流转、不追补至对应客户、不及时开票等，使台区电费、线损数据失真，资金使用不规范。

（3）降损管理混乱。县供电公司过于注重降损结果，轻视过程管理，线损考核不真实、流于形式。供电所为完成线损指标考核，默许员工对台区线损指标人为调整行为，对员工的规范管理、规章制度宣贯执行未能并重，违背了依法依规、真实有效降损的初衷。

案例点评

近年来，国家电网公司大力开展反窃查违与台区降损工作，在不断规范用电秩序的同时，也为企业赢得了效益。该案例中部分台区经理缺乏企业“主人翁”意识，将台区降损工作当成难以完成的任务，没有想方设法查清原因，反而自作聪明地“移花接木”；部分管理人员一味追求指标完成，“睁一只眼闭一只眼”甚至默认、放纵，最终造成管理混乱、指标失真。但这些自以为是的“小聪明”，随着客户维权意识的不断增强、公司管理手段的不断完善，终将无所遁形。

（二）优质服务事例

案例 46　查隐患为客户着想　保安全树公司形象

案例提要

某供电公司发现当地一煤矿客户未配置自备应急电源，后经该工地与公司多方协调、妥善处理，使该客户及时配置了发电机组，对失电后的突发事件具备了应急救援能力，赢得了客户的满意及监管部门的好评。

案例分类

用电安全与反窃电

服务过程

某日，某供电公司用电检查人员在为客户办理改类工作到达现场勘查时，发现该客户改为化工企业后虽然采用双电源供电，但是未配置自备应急电源。检查人员立即将这一重大隐患向所在供电公司领导汇报。考虑到一旦双电源同时失电，化工厂没有自备电源，容易发生危险化学品泄漏。供电公司立即与该企业负责人取得联系，指出没有自备电源的重大危害及可能导致的严重后果。而负责人却以资金不足为由搪塞供电公司。如此进行了多次交涉，该企业负责人仍然对供电公司的建议不予理睬。为了设法让其配备上自备应急电源，供电公司以文件形式把该隐患上报到了县政府及其主管部门，立即引起多个部门的高度重视。最终，通过各部门的督促和供电公司帮助，该企业负责人在思想上终于有了转变，认识到了配备自备电源的重要性。并在不久后，按照保安负荷120%的标准配置了应急发电机组，提高了供电应急救援能力。

取得效果

该供电公司加强高危行业用电检查管理力度，有效地维护了社会公共安全。同时，通过与高危行业行政管理部门的沟通、合作，保障了高危企业有效应对突发安全事件的能力，最大限度地降低了高危行业潜在的安全风险，赢得了政府的信任、客户的肯定。

案例点评

作为一名合格的用电检查员，既要想客户所想，更要能够想到客户想不到的地方。保证供电安全是供电企业必须承担的社会责任和义务，帮助客户消除用电安全隐患，则是供电企业担负公共安全的具体体现。在该案例中，供电公司并没有因为客户的搪塞、敷衍而退缩，没有因为客户的不理解而放弃，他们发扬千方百计、千言万语、千辛万苦的“三千”精神，认真贯彻落实“四到位”工作要求，竭力帮助客户提高供电可靠性和应急能力，并采用多种有效的方式、方法与客户沟通，最终得到客户的理解和支持。

案例 47 应急处理排隐患 “三定”服务让心安

案例提要

供电公司通过对重要客户隐患排查工作，及时发现和帮助客户消除了用电安全隐患，确保了重要客户的用电安全。

案例分类

用电安全与反窃电

服务过程

某供电公司用电检查班姜某在一次定期巡视重要客户运行状态过程中，发现该客户的电能表存在偶尔跳闸状况。由于当时恰逢雨雪天气，客户未做深入分析，只初步判断为天气原因造成，且电能表合闸后可以正常运行，客户也未做处理。

但是，在这种情况下运行半个月之后，跳闸情况再次出现。姜某怀疑跳闸并非由天气原因造成，针对该重要客户用电情况，主动对接客户用电安全需求，迅速组织现场经验丰富的配电班技术人员与客户专业设备管理人员共同开会研究发生原因，并制定一系列相关服务和应急方案。在向政府部门备案该处安全隐患后，工作人员带着该客户的定制方案，开展对所有用电设备的巡查行动。当巡查到某处电缆时，发现有破损情况，工作人员指导客户对电缆进行了修复，但依然无法成功合闸。在查到某处进口设备的接触器时，发现该处的两相接线因环境原因出现了轻微的烧损，并出现接地状况。工作人员指导客户及时地对受损开关和接线进行了更换和维修，各项工作整理完毕以后，顺利合闸。

取得效果

该事件彻底根治了重要客户的用电安全隐患，得到了客户的感谢和赞赏，同时也为供电公司公用线路健康运行提供了良好保障，实现了双方共赢。

案例点评

重要和高危客户的用电安全隐患排查工作是用电检查专业的一项重点工作。在该案例中，当地供电公司切实履行了定人、定期、定制的“三定服务”，没有草率地给客户用电问题进行定性，而是不断关注该客户的运行情况，当发现可能存在用电安全隐患时，以最快的响应速度和强有力的技术和组织体系帮助客户在最短的时间内查找隐患点，协助和指导客户排除故障，确保了重要客户的用电安全。

案例48 窃电分子诡计多 技防人防终抓获

案例提要

通过绝缘化改造、日线损分析等多重手段配合，查获多名窃电惯犯，有效降低台区线损。

案例分类

用电安全与反窃电

服务过程

某县供电公司某公用变压器台区经过集抄改造后日线损仍高达50%以上，窃电分子窃电手段多样且躲避反窃查违经验丰富。该公司高度重视，安排资金和物资对该台区下户线及挂钩严重的线路进行绝缘化改造。改造后的台区日线损降至30%左右。

此后，供电公司安排专人进行不定期台区普查，用无人机巡线查获对绝缘线路破皮挂钩窃电的客户，用无线摄像杆查获破屋顶电缆窃电的客户，最终台区日线损降至15%后再无进展。

通过对该台区日线损的反复比对，某养猪农户家（喂养几十头猪）日电量忽高忽低的现象引起了工作人员的注意。分析发现，该农户家平时日电量在5千瓦时左右，但供电所用电检查人员查窃电的当天，日电量就激增至150千瓦时以上。工作人员判断该窃电户非常熟悉供电所的车辆和人员活动情况，应该是有人为其通风报信，导致供电所每次反窃查违均无收获。当地供电公司针对多次检查失败的教训和对该客户现场环境的分析，用电检查人员联系当地警方，经过周密的部署，制定了详尽的行动方案，选择了一个下雨的周日进行排查。工作人员驾驶一辆从未使用过的小车通过一条乡间小路悄悄来到客户家附近，人员乔装并打开摄像设备慢慢靠近客户家。在客户尚未发觉之前查获了窃电现场，发现客户将导线线头磨尖，插入电表箱的进线口进行搭接窃电。

按照《中华人民共和国电力法》及《供电营业规则》的相关规定，检查人员对窃电现场进行了拍照、摄像取证。在事实面前，窃电者交代了平日长期窃电和安排专人进行通风报信的行为，并在违章用电处理通知单上签字认可，该窃电事件得到圆满的处理。经过多日观察，该台区日线损降到8%以内。

取得效果

通过对窃电客户收取违约使用电费、将电能表移至电杆上方等方式，打击了窃电客户的违法行为，维护了供电企业的合法权益；通过多个回合斗智斗勇查获长期窃电户，台区线损降到8%以内，为今后反窃电工作积累了宝贵经验。

案例点评

近年来，随着公司反窃电工作不断强化、查违反窃手段不断更新，同时窃电分子在进行窃电时也更加隐蔽，这又对公司反窃电技术、手段和方式提出了更高的要求。在该案例中，供电公司从线损数据等入手，不断分析线路和台区的线损水平，预判窃电行为可能，并进行实地验证检查，通过利用强大的数据系统功能，不断创新查处窃电的方法，有效查处了窃电行为，杜绝电量流失，维护了公司利益。

九、新型业务

（一）不良服务事件

案例 49　电桩故障盼抢修　检修人员慢悠悠

案例 50　光伏发电迟付款　客户利益受损害

（二）优质服务事例

案例 51　车库电桩难落户　主动作为终接入

案例 52　光伏扶贫勤沟通　主动服务防风险

（一）不良服务事件

案例 49 电桩故障盼抢修 检修人员慢悠悠

案例提要

充电桩故障导致电动汽车无法充电，抢修人员未按时到场，导致客户投诉。

案例分类

新型业务

事件过程

国庆节期间，客户丁先生全家自驾新购的电动汽车出行旅游。行至某省高速公路服务区充电站，丁先生准备给电动汽车充电，却发现充电桩显示设备故障，丁先生随即拨打充电桩上张贴的报修电话。但由于高速公路服务区充电站距离较远，加上节假日交通不畅，报修 2 个小时后，检修人员仍未能到达现场，也未与客户电话联系解释，丁先生愤怒地拨打了 95598 投诉。

造成影响

充电桩故障导致客户在高速公路服务区充电站无法正常充电，耽误了客户行程；检修人员未在规定时间内到达，使客户产生不满情绪引发投诉。

应急处理

检修人员抵达现场后，核实故障原因为主回路铜排螺丝松动，当即主动向客户道歉，解释迟到原因并及时排除故障。

违规条款

本事件违反了以下规定：

（1）《国网营销部关于加强电动汽车充电网络运营服务工作的通知》（营销智用〔2017〕1号）：设备故障要在15分钟内发现并派发工单，充电桩离线30分钟或在1小时内连续断网4次应派发离线工单，省公司必须做到15分钟接单、45分钟到现场、2小时完成处理，确保充电设施可靠运行，不能立即完成处理的要及时报国网电动汽车服务有限公司办理停运手续，在充电站点现场张贴公告，并尽快安排消缺复投。

（2）《电动汽车充电网络及车联网平台运维管理工作指南（试行）》：地市公司检修管理员应在15分钟内接单并转派给检修员，检修员应在45分钟内到达现场、两小时内完成处理，处理过程同计划检修。

暴露问题

（1）相关单位优质服务意识不强，对充电设施的日常巡视检修不到位。

（2）国庆节等节假日期间的抢修服务工作没有提前考虑应急措施，未能在规定时限内到达高速公路服务区充电站，影响客户出行并引起客户不满。

（3）抢修人员服务意识不强，在因故不能及时到达抢修现场的情况下没有及时与客户有效沟通，未能做好解释工作。

案例点评

近年来，电动汽车的使用规模快速增长，充换电服务成为社会各界关注的热点和焦点。国家电网公司的电动汽车快充网络覆盖范围和设备规模持续扩大，设施运维服务压力日益凸显，如果设施出现故障、而后续的抢修服务又不到位，耽误和损失的不仅是客户的时间，也是公司的公信力和客户的满意度。每一个员工都应该高度重视充换电设施运维服务工作，在春节、国庆节这样交通流量骤增的特殊时段，出行客户的时间观念很强，更要充分提前考虑，加强设施运维，做好应急准备，规范服务行为，为客户提供优质快捷的充换电服务。

案例 50 光伏发电迟付款 客户利益受损害

案例提要

自然人光伏发电客户并网后，供电公司未能按时支付补贴款给客户，引起投诉。

案例分类

新型业务

事件过程

某自然人客户，2016 年 8 月 20 日到供电公司进行光伏并网申请，在完成合同签订、并网验收与调试后，于 2016 年 9 月 12 日完成并网运行。但供电公司的工作人员错误地认为自然人需要自行向地方政府备案，在未报备前不能享受发电补贴。因此，自 2016 年 9 月客户并网直到 2017 年 4 月一直未向客户发放光伏发电补助资金。客户多次咨询沟通无果后向 95598 投诉反映。

造成影响

供电公司未按规定支付发电补贴，导致光伏发电客户未能及时享受国家光伏发电资金补助，引起客户强烈不满。

应急处理

接到客户反映后，供电公司立即查找未能及时付款的原因，纠正工作人员的错误行为，发起光伏发电补贴发放流程，同时将客户列入下一轮报备名单。供电公司及时向客户解释原因并致歉，取得客户谅解。

违规条款

本事件违反了以下规定：

（1）《关于公布可再生能源电价附加资金补助目录（第六批）的通知》（财建〔2016〕669号）：自然人分布式项目不再按目录制管理，项目完成并网发电即可按电量享受补贴。国家电网公司、南方电网有限责任公司定期汇总经营范围内的自然人分布式项目信息，并报财政部、国家发展改革委、国家能源局备案。

（2）《分布式光伏发电项目管理暂行办法》（能新能〔2013〕433号）：对个人利用自有住宅及在住宅区域内建设的分布式光伏发电项目，由当地电网企业直接登记并集中向当地能源主管部门备案。

（3）《国家电网公司分布式电源并网服务管理规则》（国家电网企管〔2014〕1082号）第二十三条：公司为自然人分布式光伏发电项目提供项目备案服务。地市、县供电企业发展部（发展建设部）在收到客户接入系统方案确认单后，根据当地能源主管部门项目备案管理办法，按月集中代自然人项目业主向当地能源主管部门进行项目备案，备案文件抄送财务部、营销部（客户服务中心）。

暴露问题

（1）业务人员不熟悉分布式电源新规定，政策执行不到位，工作出现差错。

（2）未按照光伏发电《发用电合同》约定时间按时支付补助资金给客户。

（3）业务人员服务意识不强、服务观念淡薄，在未及时付费的情况下没有及时主动联系客户并解释原因，导致客户不满并投诉。

案例点评

近几年，中国的光伏行业受益于国家政策利好，跑出了震惊世界的“中国速度”，中国已成为全球最大的光伏发电应用市场，尤其是在用电量较低的农村市场，光伏发电发展十分迅速。建设光伏发电系统既能为客户带来收益，又能为环境保护做出贡献。光伏产业方兴未艾，有极大的发展空间，供电企业作为光伏项目的日常服务主体及资金给付主体，只有及时掌握并准确执行国家政策、及时发放补贴才能营造良好的投资环境，打消客户的投资顾虑，促进光伏产业发展，让“绿色发展，绿色生活”的价值观扎根于人们的心中并盛开绽放。

（二）优质服务事例

案例 51　车库电桩难落户　主动作为终接入

案例提要

供电公司主动服务充电桩接入，帮助客户协调解决安装过程中的难题，最终让充电桩顺利通电。

案例分类

新型业务

服务过程

2017 年 4 月份，位于某小区的客户梁女士购买电动汽车后，打算在自己车位上安装充电桩，于是向供电公司提交充电桩用电申请。供电公司客户经理勘查发现客户现场没有电源，充电桩无法接入安装。虽然该问题非供电公司责任和业务范围，但见到梁女士购车后已经一周未充电，车已无法启动荒废在家，且该小区 10 多个客户都存在着有车无桩充电的“刚性需求”，该供电公司及时为客户联系物业了解情况，经过积极与物业公司协调，第一时间出具方案确定 π 接箱位置，并最终为客户加装 π 接箱，提供电源。最终，梁女士仅用 5 天时间就完成了业扩报装全部工作流程，她的电动汽车顺利启动运行。

随后，为了解决该地区充电桩接入的类似问题，供电公司积极主动与政府部门对接，获得当地主管部门的大力支持，并建立定期协调机制，每月召开工作沟通会，搜集电动汽车业务需求，及时沟通、协商相关问题，满足电动汽车发展需求。

同时，供电公司加快内部工作协同提高工作效率，优化用电业务流程开辟绿色通道，主动为有意购买电动汽车的客户提供用电咨询服务，确保配网建设、供电服务等工作高效推进。

取得效果

（1）供电公司主动作为，积极协调，及时为客户安装了充电桩，使客户的电动汽车能够正常使用。送电后，梁女士送来了感谢信。

（2）供电公司积极主动与政府部门对接并促成建立相关沟通协调机制，为当地电动汽车充换电业务的不断拓展营造了良好环境。

案例点评

随着汽车普及带来的能源消耗、资源短缺和环境污染等一系列问题愈发凸显，发展电动汽车，推动传统汽车产业的战略转型势在必行。国家高度重视电动汽车及充电基础设施发展，出台了一系列政策，扶持和引导电动汽车行业快速发展。国家电网公司积极落实国家战略，履行央企责任，加快充换电设施建设运营，有力促进了我国电动汽车产业发展。

目前，电动汽车充电桩尤其是老旧居民小区充电桩建设存在诸多困难，供电公司只有迎难而上，以客户为导向，用好国家政策和争取政府支持，积极作为，主动服务，切实为客户解决困难，才能赢得客户的广泛支持，才能推动公司充换电设施建设运营更加快速地发展前进。

案例52 光伏扶贫勤沟通 主动服务防风险

案例提要

政府部门精准扶贫，建设单位转移矛盾，供电企业及时沟通，化解难题，服务风险得到有效控制。

案例分类

新型业务

服务过程

某供电公司截至2017年2月累计收到光伏扶贫客户并网资料243户，共涉及5家建设供货厂商。政府要求按时间节点完成精准扶贫项目，客户也希望能早日获得收益。因并网验收时客户侧工程存在缺陷，需要厂商进行缺陷处理后才能并网。但个别厂商私下将矛盾转向供电公司，鼓动客户要求并网，不明情况的客户出现集体投诉倾向。

发现苗头后，供电公司积极与客户沟通，及时上报地方政府，很快建立起一个光伏客户微信群，将政府扶贫办工作人员、乡镇各级负责人员、各厂商以及有智能手机的客户或经办人全部拉进群内。工作人员在群内上传业务流程及行业规定以及验收现场缺陷照片，并及时说明不合格的产品与施工工艺对今后的影响，明白真相的客户认可了供电公司的服务行为。

同时供电公司提前筹备计量表计安装工作，解决部分光伏客户核算数据采集难题，协助客户填写并网调试和验收申请表，准备相关材料。最终，供电公司按时间节点完成了全部光伏扶贫项目的验收并网工作，得到了地方政府和广大客户的认可。

取得效果

该供电公司服务的光伏客户数量多，但从并网验收到核算数据推送，一直到费用结算，每个环节都与客户积极沟通，主动做好服务，提前防范服务风险，既赢得了政府支持又得到了客户的理解和好评。

案例点评

光伏扶贫作为国家精准扶贫十大工程之一，开创了新能源与脱贫减贫工作相结合的创新模式，项目实施以来在经济和社会方面取得了良好的双重效应。光伏项目让贫困户得到了一份长期、稳定的收入，有利于形成贫困户更积极、更有规划的生活期盼，对贫困户来说意义重大。光伏扶贫项目涉及厂商、贫困户的切身利益，极易形成关注点和矛盾点。供电公司应充分沟通、换位思考、主动服务，把扶持光伏扶贫项目作为一项利国利民的重要任务去完成，让光伏产业的发展不仅成为生态发展的一条“阳光大道”，更成为百姓脱贫致富的重要途径。

附录一

电力供应与使用条例

（1996 年 4 月 17 日中华人民共和国国务院令第 196 号）

第一章　总　　则

第一条　为了加强电力供应与使用的管理，保障供电、用电双方的合法权益，维护供电、用电秩序，安全、经济、合理地供电和用电，根据《中华人民共和国电力法》制定本条例。

第二条　在中华人民共和国境内，电力供应企业（以下称供电企业）和电力使用者（以下称用户）以及与电力供应、使用有关的单位和个人，必须遵守本条例。

第三条　国务院电力管理部门负责全国电力供应与使用的监督管理工作。

县级以上地方人民政府电力管理部门负责本行政区域内电力供应与使用的监督管理工作。

第四条　电网经营企业依法负责本供区内的电力供应与使用的业务工作，并接受电力管理部门的监督。

第五条　国家对电力供应和使用实行安全用电、节约用电、计划用电的管理原则。

供电企业和用户应当遵守国家有关规定，采取有效措施，做好安全用电、节约用电、计划用电工作。

第六条　供电企业和用户应当根据平等自愿、协商一致的原则签订供用电合同。

第七条　电力管理部门应当加强对供用电的监督管理，协调供用电各方关系，禁止危害供用电安全和非法侵占电能的行为。

第二章 供电营业区

第八条 供电企业在批准的供电营业区内向用户供电。

供电营业区的划分，应当考虑电网的结构和供电合理性等因素。一个供电营业区内只设立一个供电营业机构。

第九条 省、自治区、直辖市范围内的供电营业区的设立、变更，由供电企业提出申请，经省、自治区、直辖市人民政府电力管理部门会同同级有关部门审查批准后，由省、自治区、直辖市人民政府电力管理部门发给《供电营业许可证》。跨省、自治区、直辖市的供电营业区的设立、变更，由国务院电力管理部门审查批准并发给《供电营业许可证》。供电营业机构持《供电营业许可证》向工商行政管理部门申请领取营业执照，方可营业。

电网经营企业应当根据电网结构和供电合理性的原则协助电力管理部门划分供电营业区。

供电营业区的划分和管理办法，由国务院电力管理部门制定。

第十条 并网运行的电力生产企业按照并网协议运行后，送入电网的电力、电量由供电营业机构统一经销。

第十一条 用户用电容量超过其所在的供电营业区内供电企业供电能力的，由省级以上电力管理部门指定的其他供电企业供电。

第三章 供电设施

第十二条 县级以上各级人民政府应当将城乡电网的建设与改造规划，纳入城市建设和乡村建设的总体规划。各级电力管理部门应当会同有关行政主管部门和电网经营企业做好城乡电网建设和改造的规划。供电企业应当按照规划做好供电设施建设和运行管理工作。

第十三条 地方各级人民政府应当按照城市建设和乡村建设的总体规划统筹安排城乡供电线路走廊、电缆通道、区域变电站、区域配电所和营业网点的用地。

供电企业可以按照国家有关规定在规划的线路走廊、电缆通道、区域变电站、区域配电所和营业网点的用地上，架线、敷设电缆和建设公用供电设施。

第十四条 公用路灯由乡、民族乡、镇人民政府或者县级以上地方人民政府有关部门负责建设，并负责运行维护和交付电费，也可以委托供电企业代为有偿设计、施工和维护管理。

第十五条 供电设施、受电设施的设计、施工、试验和运行，应当符合国家标准或者电力行业标准。

第十六条 供电企业和用户对供电设施、受电设施进行建设和维护时，作业区域内的有关单位和个人应当给予协助，提供方便；因作业对建筑物或者农作物造成损坏的，应当依照有关法律、行政法规的规定负责修复或者给予合理的补偿。

第十七条 公用供电设施建成投产后，由供电单位统一维护管理。经电力管理部门批准，供电企业可以使用、改造、扩建该供电设施。

共用供电设施的维护管理，由产权单位协商确定，产权单位可自行维护管理，也可以委托供电企业维护管理。

用户专用的供电设施建成投产后，由用户维护管理或者委托供电企业维护管理。

第十八条 因建设需要，必须对已建成的供电设施进行迁移、改造或者采取防护措施时，建设单位应当事先与该供电设施管理单位协商，所需工程费用由建设单位负担。

第四章 电力供应

第十九条 用户受电端的供电质量应当符合国家标准或者电力行业标准。

第二十条 供电方式应当按照安全、可靠、经济、合理和便于管理的原则，由电力供应与使用双方根据国家有关规定以及电网规划、用电需求和当地供电条件等因素协商确定。

在公用供电设施未到达的地区，供电企业可以委托有供电能力的单位就近供电。非经供电企业委托，任何单位不得擅自向外供电。

第二十一条　因抢险救灾需要紧急供电时，供电企业必须尽速安排供电。所需工程费用和应付电费由有关地方人民政府有关部门从抢险救灾经费中支出，但是抗旱用电应当由用户交付电费。

第二十二条　用户对供电质量有特殊要求的，供电企业应当根据其必要性和电网的可能，提供相应的电力。

第二十三条　申请新装用电、临时用电、增加用电容量、变更用电和终止用电，均应当到当地供电企业办理手续，并按照国家有关规定交付费用；供电企业没有不予供电的合理理由的，应当供电。供电企业应当在其营业场所公告用电的程序、制度和收费标准。

第二十四条　供电企业应当按照国家标准或者电力行业标准参与用户受送电装置设计图纸的审核，对用户受送电装置隐蔽工程的施工过程实施监督，并在该受送电装置工程竣工后进行检验；检验合格的，方可投入使用。

第二十五条　供电企业应当按照国家有关规定实行分类电价、分时电价。

第二十六条　用户应当安装用户计量装置。用户使用的电力、电量，以计量检定机构依法认可的用电计量装置的记录为准。用电计量装置，应当安装在供电设施与受电设施的产权分界处。

安装在用户外的用电计量装置，由用户负责保护。

第二十七条　供电企业应当按照国家核准的电价和用电计量装置的记录，向用户计收电费。

用户应当按照国家批准的电价，并按照规定的期限、方式或者合同约定的办法，交付电费。

第二十八条 除本条例另有规定外，在发电、供电系统正常运行的情况下，供电企业应当连续向用户供电；因故需要停止供电时，应当按照下列要求事先通知用户或者进行公告：

（一）因供电设施计划检修需要停电时，供电企业应当提前7天通知用户或者进行公告；

（二）因供电设施临时检修需要停止供电时，供电企业应当提前24小时通知重要用户；

（三）因发电、供电系统发生故障需要停电、限电时，供电企业应当按照事先确定的限电序位进行停电或者限电。引起停电或者限电的原因消除后，供电企业应当尽快恢复供电。

第五章 电力使用

第二十九条 县级以上人民政府电力管理部门应当遵照国家产业政策，按照统筹兼顾、保证重点、择优供应的原则，做好计划用电工作。

供电企业和用户应当制订节约用电计划，推广和采用节约用电的新技术、新材料、新工艺、新设备，降低电能消耗。

供电企业和用户应当采用先进技术、采取科学管理措施，安全供电、用电，避免发生事故，维护公共安全。

第三十条 用户不得有下列危害供电、用电安全，扰乱正常供电、用电秩序的行为：

（一）擅自改变用电类别；

（二）擅自超过合同约定的容量用电；

（三）擅自超过计划分配的用电指标的；

（四）擅自使用已经在供电企业办理暂停使用手续的电力设备，或者擅自启用已经被供电企业查封的电力设备；

（五）擅自迁移、更动或者擅自操作供电企业的用电计量装置、电力负荷控制装置、供电设施以及约定由供电企业调度的用户受电设备；

（六）未经供电企业许可，擅自引入、供出电源或者将自备电源擅自并网。

第三十一条　禁止窃电行为。窃电行为包括：

（一）在供电企业的供电设施上，擅自接线用电；

（二）绕越供电企业的用电计量装置用电；

（三）伪造或者开启法定的或者授权的计量检定机构加封的用电计量装置封印用电；

（四）故意损坏供电企业用电计量装置；

（五）故意使供电企业的用电计量装置计量不准或者失效；

（六）采用其他方法窃电。

第六章　供用电合同

第三十二条　供电企业和用户应当在供电前根据用户需要和供电企业的供电能力签订供用电合同。

第三十三条　供用电合同应当具备以下条款：

（一）供电方式、供电质量和供电时间；

（二）用电容量和用电地址、用电性质；

（三）计量方式和电价、电费结算方式；

（四）供用电设施维护责任的划分；

（五）合同的有效期限；

（六）违约责任；

（七）双方共同认为应当约定的其他条款。

第三十四条　供电企业应当按照合同约定的数量、质量、时间、方式，合理调度和安全供电。

用户应当按照合同约定的数量、条件用电，交付电费和国家规定的其他费用。

第三十五条　供用电合同的变更或者解除，应当依照有关法律、行政法规和本条例的规定办理。

第七章　监督与管理

第三十六条　电力管理部门应当加强对供电、用电的监督和管理。供电、用电监督检查人员必须具备相应的条件。供电、用电监督检查工作人员执行公务时，应当出示证件。

供电、用电监督检查管理的具体办法，由国务院电力管理部门另行制定。

第三十七条　在用户受送电装置上作业的电工，必须经电力管理部门考核合格，取得电力管理部门颁发的《电工进网作业许可证》，方可上岗作业。

承装、承修、承试供电设施和受电设施的单位，必须经电力管理部门审核合格，取得电力管理部门颁发的《承装（修）电力设施许可证》后，方可向工商行政管理部门申请领取营业执照。

第八章　法律责任

第三十八条　违反本条例规定，有下列行为之一的，由电力管理部门责令改正，没收违法所得，可以并处违法所得5倍以下的罚款：

（一）未按照规定取得《供电营业许可证》，从事电力供应业务的；

（二）擅自伸入或者跨越供电营业区供电的；

（三）擅自向外转供电的。

第三十九条　违反本条例第二十七条规定，逾期未交付电费的，供电企业可以从逾期之日起，每日按照电费总额的千分之一至千分之三加收违约金，具体比例由供用电双方在供用电合同中约定；自逾期之日起计算超过30日，经催交仍未交付电费的，供电企业可以按照国家规定的程序停止供电。

第四十条　违反本条例第三十条规定，违章用电的，供电企业可以根据违章事实和造成的后果追缴电费，并按照国务院电力管理部门的规定加收电费和国家规定的其他费用；情节严重的，可以按照国家规定的程序停止供电。

第四十一条　违反本条例第三十一条规定，盗窃电能的，由电力管理部门责令停止违法行为，追缴电费并处应交电费5倍以下的罚款；构成犯罪的，依法追究刑事责任。

第四十二条　供电企业或者用户违反供用电合同，给对方造成损失的，应当依法承担赔偿责任。

第四十三条　因电力运行事故给用户或者第三人造成损害的，供电企业应当依法承担赔偿责任。

因用户或者第三人的过错给供电企业或者其他用户造成损害的，该用户或者第三人应当依法承担赔偿责任。

第四十四条　供电企业职工违反规章制度造成供电事故的，或者滥用职权、利用职务之便谋取私利的，依法给予行政处分；构成犯罪的，依法追究刑事责任。

第九章　附　　则

第四十五条　本条例自1996年9月1日起施行。

附录二

供电营业规则

（1996年10月8日中华人民共和国电力工业部令第8号）

第一章　总　　则

第一条　为加强供电营业管理，建立正常的供电营业秩序，保障供用双方的合法权益，根据《电力供应与使用条例》和国家有关规定，制定本规则。

第二条　供电企业和用户在进行电力供应与使用活动中，应遵守本规则的规定。

第三条　供电企业和用户应当遵守国家有关规定，服从电网统一调度，严格按指标供电和用电。

第四条　本规则应放置在供电企业的用电营业场所，供用户查阅。

第二章　供 电 方 式

第五条　供电企业供电的额定频率为交流50赫兹。

第六条　供电企业供电的额定电压：

1. 低压供电，单相为220伏，三相为380伏；

2. 高压供电：为10、35（63）、110、220千伏。

除发电厂直配电压可采用3千伏或6千伏外，其他等级的电压应逐步过渡到上列额定电压。

用户需要的电压等级不在上列范围时，应自行采取变压措施解决。

用户需要的电压等级在110千伏及以上时，其受电装置应作为终端变电站设计，方案需经省电网经营企业审批。

第七条　供电企业对申请用电的用户提供的供电方式，应从供用电的安全、经济、合理和便于管理出发，依据国家的有关政策和规定、电网的规划、用电需求以及当地供电条件等因素，进行技术经济比较，与用户协商确定。

第八条　用户单相用电设备总容量不足10千瓦的可采用低压220伏供电。但有单台设备容量超过1千瓦的单相电焊机、换流设备时，用户必须采取有效的技术措施以消除对电能质量的影响，否则应改为其他方式供电。

第九条　用户用电设备容量在100千瓦及以下或需用变压器容量在50千伏安及以下者，可采用低压三相四线制供电，特殊情况也可采用高压供电。

用电负荷密度较高的地区。经过技术经济比较，采用低压供电的技术经济性明显优于高压供电时，低压供电的容量界限可适当提高。具体容量界限由省电网经营企业作出规定。

第十条　供电企业可以对距离发电厂较近的用户，采用发电厂直配供电方式，但不得以发电厂的厂用电源或变电站（所）的站用电源对用户供电。

第十一条　用户需要备用、保安电源时，供电企业应按其负荷重要性、用电容量和供电的可能性，与用户协商确定。

用户重要负荷的保安电源，可由供电企业提供，也可由用户自备。遇有下列情况之一者，保安电源应由用户自备：

1. 在电力系统瓦解或不可抗力造成供电中断时，仍需保证供电的；

2. 用户自备电源比从电力系统供给更为经济合理的。

供电企业向有重要负荷的用户提供的保安电源，应符合独立电源的条件。有重要负荷的用户在取得供电企业供给的保安电源的同时，还应有非电性质的应急措施，以满足安全的需要。

第十二条　对基建工地、农田水利、市政建设等非永久性用电，可供给临时电源。临时用电期限除经供电企业准许外，一般不得超过六个月，逾期不办理延期或永久性正式用电手续的，供电企业应终止供电。

使用临时电源的用户不得向外转供电，也不得转让给其他用户，供电企业也不受理其变更用电事宜。如需改为正式用电，应按新装用电办理。

因抢险救灾需要紧急供电时，供电企业应迅速组织力量，架设临时电源供电。架设临时电源所需的工程费用和应付的电费，由地方人民政府有关部门负责从救灾经费中拨付。

第十三条　供电企业一般不采用趸售方式供电，以减少中间环节。特殊情况需开放趸售供电时，应由省级电网经营企业报国务院电力管理部门批准。

趸购转售电单位应服从电网的统一调度，按国家规定的电价向用户售电，不得再向乡、村层层趸售。

电网经营企业与趸购转售电单位应就趸购转售事宜签订供用电合同，明确双方的权利和义务。

趸购转售电单位需新装或增加趸购容量时，应按本规则的规定办理新装增容手续。

第十四条　用户不得自行转供电。在公用供电设施尚未到达的地区，供电企业征得该地区有供电能力的直供用户同意，可采用委托方式向其附近的用户转供电力，但不得委托重要的国防军工用户转供电。

委托转供电应遵守下列规定：

1. 供电企业与委托转供户（以下简称转供户）应就转供范围、转供容量、转供期限、转供费用、转供用电指标、计量方式、电费计算、转供电设施建设、产权划分、运行维护、调度通信、违约责任等事项签订协议。

2. 转供区域内的用户（以下简称被转供户），视同供电企业的直供户，与直供户享有同样的用电权利，其一切用电事宜按直供户的规定办理。

3. 向被转供户供电的公用线路与变压器的损耗电量应由供电企业负担，不得摊入被转供户用电量中。

4. 在计算转供户用电量、最大需量及功率因数调整电费时，应扣除被转供户、公用线路与变压器消耗的有功、无功电量。最大需量按下列规定折算：

（1）照明及一班制：每月用电量180千瓦时，折合为1千瓦；

（2）二班制：每月用电量360千瓦时，折合为1千瓦；

（3）三班制：每月用电量540千瓦时，折合为1千瓦；

（4）农业用电：每月用电量270千瓦时，折合为1千瓦。

5. 委托的费用，按委托的业务项目的多少，由双方协商确定。

第十五条　为保障用电安全，便于管理，用户应将重要负荷与非重要负荷、生产用电与生活区用电分开配电。

新装或增加用电的用户应按上述规定确定内部的配电方式，对目前尚未达到上述要求的用户应逐步进行改造。

第三章　新装、增容与变更用电

第十六条　任何单位或个人需新装用电或增加用电容量、变更用电都必须按本规则规定，事先到供电企业用电营业场所提出申请，办理手续。

供电企业应在用电营业场所公告办理各项用电业务的程序、制度和收费标准。

第十七条　供电企业的用电营业机构统一归口办理用户的用电申请和报装接电工作。包括用电申请书的发放及审核、供电条件勘查、供电方案确定及批复、有关费用收取、受电工程设计的审核、施工中间检查、竣工检验、供用电合同（协议）签约、装表接电等项业务。

第十八条 用户申请新装或增加用电时，应向供电企业提供用电工程项目批准的文件及有关的用电资料，包括用电地点、电力用途、用电性质；用电设备清单、用电负荷、保安电力、用电规划等，并依照供电企业规定的格式如实填写用电申请书及办理所需手续。

新建受电工程项目在立项阶段，用户应与供电企业联系，就工程供电的可能性、用电容量和供电条件等达成意向性协议，方可定址，确定项目。

未按前款规定办理的，供电企业有权拒绝受理其用电申请。

如因供电企业供电能力不足或政府规定限制的用电项目，供电企业可通知用户暂缓办理。

第十九条 供电企业对已受理的用电申请，应尽速确定供电方案，在下列期限内正式书面通知用户：

居民用户最长不超过五天；低压电力用户最长不超过十天；高压单电源用户最长不超过一个月；高压双电源用户最长不超过二个月。若不能如期确定供电方案时，供电企业应向用户说明原因。用户对供电企业答复的供电方案有不同意见时，应在一个月内提出意见，双方可再行协商确定。用户应根据确定的供电方案进行受电工程设计。

第二十条 用户新装或增加用电，在供电方案确定后，应按国家的有关规定向供电企业交纳新装增容供电工程贴费（以下简称供电贴费）。

第二十一条 供电方案的有效期，是指从供电方案正式通知书发出之日起至交纳供电贴费并受电工程开工日为止。高压供电方案的有效期为一年，低压供电方案的有效期为三个月，逾期注销。

用户遇有特殊情况，需延长供电方案有效期的，应在有效期到期前十天向供电企业提出申请，供电企业应视情况予以办理延长手续。但延长时间不得超过前款规定期限。

第二十二条　有下列情况之一者，为变更用电。用户需变更用电时，应事先提出申请，并携带有关证明文件，到供电企业用电营业场所办理手续，变更供用电合同：

1. 减少合同约定的用电容量（简称减容）；
2. 暂时停止全部或部分受电设备的用电（简称暂停）；
3. 临时更换大容量变压器（简称暂换）；
4. 迁移受电装置用电地址（简称迁址）；
5. 移动用电计量装置安装位置（简称移表）；
6. 暂时停止用电并拆表（简称暂拆）；
7. 改变用户的名称（简称更名或过户）；
8. 一户分列为两户及以上的用户（简称分户）；
9. 两户及以上用户合并为一户（简称并户）；
10. 合同到期终止用电（简称销户）；
11. 改变供电电压等级（简称改压）；
12. 改变用电类别（简称改类）。

第二十三条　用户减容，须在五天前向供电企业提出申请。供电企业应按下列规定办理：

1. 减容必须是整台或整组变压器的停止或更换小容量变压器用电。供电企业在受理之日后，根据用户申请减容的日期对设备进行加封。从加封之日起，按原计费方式减收其相应容量的基本电费。但用户申明为永久性减容的或从加封之日起期满二年又不办理恢复用电手续的，其减容后的容量已达不到实施两部制电价规定容量标准时，应改为单一制电价计费；

2. 减少用电容量的期限，应根据用户所提出的申请确定，但最短期限不得少于六个月，最长期限不得超过二年；

3. 在减容期限内，供电企业应保留用户减少容量的使用权。用户要求恢复用电，不再交付供电贴费；超过减容期限要求恢复用电时，应按新装或增容手续办理；

4. 在减容期限内要求恢复用电时，应在五天前向供电企业办理恢复用电手续，基本电费从启封之日起计收；

5. 减容期满后的用户以及新装、增容用户，二年内不得申办减容或暂停。如确需继续办理减容或暂停的，减少或暂停部分容量的基本电费应按百分之五十计算收取。

第二十四条 用户暂停，须在五天前向供电企业提出申请。供电企业应按下列规定办理：

1. 用户在每一日历年内，可申请全部（含不通过受电变压器的高压电动机）或部分用电容量的暂时停止用电两次，每次不得少于十五天；一年累计暂停时间不得超过六个月。季节性用电或国家另有规定的用户，累计暂停时间可以另议；

2. 按变压器容量计收基本电费的用户，暂停用电必须是整台或整组变压器停止运行。供电企业在受理暂停申请后，根据用户申请暂停的日期对暂停设备加封。从加封之日起，按原计费方式减收其相应容量的基本电费；

3. 暂停期满或每一日历年内累计暂停用电时间超过六个月者，不论用户是否申请恢复用电，供电企业须从期满之日起，按合同约定的容量计收其基本电费；

4. 在暂停期限内，用户申请恢复暂停用电容量用电时，须在预定恢复日前五天向供电企业提出申请。暂停时间少于十五天者，暂停期间基本电费照收；

5. 按最大需量计收基本电费的用户，申请暂停用电必须是全部容量（含不通过受电变压器的高压电动机）的暂停，并遵守本条1～4项的有关规定。

第二十五条 用户暂换（因受电变压器故障而无相同容量变压器替代，需要临时更换大容量变压器），须在更换前向供电企业提出申请。供电企业应按下列规定办理：

1. 必须在原受电地点内整台的暂换受电变压器；

2. 暂换变压器的使用时间，10 千伏及以下的不得超过二个月，35 千伏及以上的不得超过三个月。逾期不办理手续的，供电企业可中止供电；

3. 暂换的变压器经检验合格后才能投入运行；

4. 暂换变压器增加的容量不收取供电贴费，但对两部制电价用户须在暂换之用起，按替换后的变压器容量计收基本电费。

第二十六条　用户迁址，须在五天前向供电企业提出申请。供电企业应按下列规定办理：

1. 原址按终止用电办理，供电企业予以销户。新址用电优先受理；

2. 迁移后的新址不在原供电点供电的，新址用电按新装用电办理；

3. 迁移后的新址在原供电点供电的，且新址用电容量不超过原址容量，新址用电不再收取供电贴费。新址用电引起的工程费用由用户负担；

4. 迁移后的新址仍在原供电点，但新址用电容量超过原址用电容量的，超过部分按增容办理；

5. 私自迁移用电地址而用电者，除按本规则第一百条第 5 项处理外，自迁新址不论是否引起供电点变动，一律按新装用电办理。

第二十七条　用户移表（因修缮房屋或其他原因需要移动用电计量装置安装位置），须向供电企业提出申请。供电企业应按下列规定办理：

1. 在用电地址、用电容量、用电类别、供电点等不变情况下，可办理移表手续；

2. 移表所需的费用由用户负担；

3. 用户不论何种原因，不得自行移动表位，否则，可按本规则第一百条第 5 项处理。

第二十八条 用户暂拆（因修缮房屋等原因需要暂时停止用电并拆表），应持有关证明向供电企业提出申请。供电企业应按下列规定办理：

1. 用户办理暂拆手续后，供电企业应在五天内执行暂拆；

2. 暂拆时间最长不得超过六个月。暂拆期间，供电企业保留该用户原容量的使用权；

3. 暂拆原因消除，用户要求复装接电时，须向供电企业办理复装接电手续并按规定交付费用。上述手续完成后，供电企业应在五天内为该用户复装接电；

4. 超过暂拆规定时间要求复装接电者，按新装手续办理。

第二十九条 用户更名或过户（依法变更用户名称或居民用户房屋变更户主），应持有关证明向供电企业提出申请。供电企业应按下列规定办理：

1. 在用电地址、用电容量、用电类别不变条件下，允许办理更名或过户；

2. 原用户应与供电企业结清债务，才能解除原供用电关系；

3. 不申请办理过户手续而私自过户者，新用户应承担原用户所负债务。经供电企业检查发现用户私自过户时，供电企业应通知该户补办手续，必要时可中止供电。

第三十条 用户分户，应持有关证明向供电企业提出申请。供电企业应按下列规定办理：

1. 在用电地址、供电点、用电容量不变，且其受电装置具备分装的条件时，允许办理分户；

2. 在原用户与供电企业结清债务的情况下，再办理分户手续；

3. 分立后的新用户应与供电企业重新建立供用电关系；

4. 原用户的用电容量由分户者自行协商分割，需要增容者，分户后另行向供电企业办理增容手续；

5. 分户引起的工程费用由分户者负担；

6. 分户后受电装置应经供电企业检验合格，由供电企业分别装表计费。

第三十一条　用户并户，应持有关证明向供电企业提出申请。供电企业应按下列规定办理：

1. 在同一供电点，同一用电地址的相邻两个及以上用户允许办理并户；

2. 原用户应在并户前向供电企业结清债务；

3. 新用户用电容量不得超过并户前各户容量之总和；

4. 并户引起的工程费用由并户者负担；

5. 并户的受电装置应经检验合格，由供电企业重新装表计费。

第三十二条　用户销户，须向供电企业提出申请。供电企业应按下列规定办理：

1. 销户必须停止全部用电容量的使用；

2. 用户已向供电企业结清电费；

3. 查验用电计量装置完好性后，拆除接户线和用电计量装置；

4. 用户持供电企业出具的凭证，领还电能表保证金与电费保证金。

办完上述事宜，即解除供用电关系。

第三十三条　用户连续六个月不用电，也不申请办理暂停用电手续者，供电企业须以销户终止其用电。用户需再用电时，按新装用电办理。

第三十四条　用户改压（因用户原因需要在原址改变供电电压等级），应向供电企业提出申请。供电企业应按下列规定办理：

1. 改为高一等级电压供电，且容量不变者，免收其供电贴费。超过原容量者，超过部分按增容手续办理；

2. 改为低一等级电压供电时，改压后的容量不大于原容量者，应收取两级电压供电贴费标准差额的供电贴费。超过原容量者，超过部分按增容手续办理；

3. 改压引起的工程费用由用户负担。

由于供电企业的原因引起用户供电电压等级变化的，改压引起的用户外部工程费用由供电企业负担。

第三十五条　用户改类，须向供电企业提出申请。供电企业应按下列规定办理：

1. 在同一受电装置内，电力用途发生变化而引起用电电价类别改变时，允许办理改类手续；

2. 擅自改变用电类别，应按本规则第一百条第1项处理。

第三十六条　用户依法破产时，供电企业应按下列规定办理：

1. 供电企业应予销户，终止供电；

2. 在破产用户原址上用电的，按新装用电办理；

3. 从破产用户分离出去的新用户，必须在偿清原破产用户电费和其他债务后，方可办理变更用电手续，否则，供电企业可按违约用电处理。

第四章　受电设施建设与维护管理

第三十七条　用户受电设施的建设与改造应当符合城乡电网建设与改造规划。对规划中安排的线路走廊和变电站建设用地，应当优先满足公用供电设施建设的需要，确保土地和空间资源得到有效利用。

第三十八条　用户新装、增装或改装受电工程的设计安装、试验与运行应符合国家有关标准；国家尚未制订标准的，应符合电力行业标准；国家和电力行业尚未制定标准的，应符合省（自治区、直辖市）电力管理部门的规定和规程。

第三十九条　用户受电工程设计文件和有关资料应一式两份送交供电企业审核。高压供电的用户应提供：

1. 受电工程设计及说明书；

2. 用电负荷分布图；

3. 负荷组成、性质及保安负荷；

4. 影响电能质量的用电设备清单；

5. 主要电气设备一览表；

6. 节能篇及主要生产设备、生产工艺耗电以及允许中断供电时间；

7. 高压受电装置一、二次接线图与平面布置图；

8. 用电功率因数计算及无功补偿方式；

9. 继电保护、过电压保护及电能计量装置的方式；

10. 隐蔽工程设计资料；

11. 配电网络布置图；

12. 自备电源及接线方式；

13. 供电企业认为必须提供的其他资料。

低压供电的用户应提供负荷组成和用电设备清单。

第四十条 供电企业对用户送审的受电工程设计文件和有关资料，应根据本规则的有关规定进行审核。审核的时间，对高压供电的用户最长不超过一个月；对低压供电的用户最长不超过十天。供电企业对用户的受电工程设计文件和有关资料的审核意见应以书面形式连同审核过的一份受电工程设计文件和有关资料一并退还用户，以便用户据以施工。用户若更改审核后的设计文件时，应将变更后的设计再送供电企业复核。

用户受电工程的设计文件，未经供电企业审核同意，用户不得据以施工，否则，供电企业将不予检验和接电。

第四十一条 无功电力应就地平衡。用户应在提高用电自然功率因数的基础上，按有关标准设计和安装无功补偿设备，并做到随其负荷和电压变动及时投入或切除，防止无功电力倒送。除电网有特殊要求的用户外，用户在当地供电企业规定的电网高峰负荷时的功率因数，应达到下列规定：

1. 100 千伏安及以上高压供电的用户功率因数为 0.90 以上；

2. 其他电力用户和大、中型电力排灌站、趸购转售电企业，功率因数为0.85以上；

3. 农业用电，功率因数为0.80。

凡功率因数不能达到上述规定的新用户，供电企业可拒绝接电。对已送电的用户，代电企业应督促和帮助用户采取措施，提高功率因数。对在规定期限内仍未采取措施达到上述要求的用户，供电企业可中止或限制供电。

功率因数调整电费办法按国家规定执行。

第四十二条 用户受电工程在施工期间，供电企业应根据审核同意的设计和有关施工标准，对用户受电工程中的隐蔽工程进行中间检查。如有不符合规定的，应以书面形式向用户提出意见，用户应按设计和施工标准的规定予以改正。

第四十三条 用户受电工程施工、试验完工后，应向供电企业提出工程竣工报告，报告应包括：

1. 工程竣工图及说明；
2. 电气试验及保护整定调试记录；
3. 安全用具的试验报告；
4. 隐蔽工程的施工及试验记录；
5. 运行管理的有关规定和制度；
6. 值班人员名单及资格；
7. 供电企业认为必要的其他资料或记录。

供电企业接到用户的受电装置竣工报告及检验申请后，应及时组织检验。对检验不合格的，供电企业应以书面形式一次性通知用户改正，改正后方予以再次检验。直至合格。但自第二次检验起，每次检验前用户须按规定交纳重复检验费。检验合格后的十天内，供电企业应派员装表接电。

重复检验收费标准，由省电网经营企业提出，报经省有关部门批准后执行。

第四十四条 公用路灯、交通信号灯是公用设施，应由当地人民政府及有关管理部门投资建设，并负责维护管理和交纳电费等事项。供电企业可接受地方有关部门的委托，代为设计、施工与维护管理公用路灯，并照章收取费用，具体事项由双方协商确定。

第四十五条 用户建设临时性受电设施，需要供电企业施工的，其施工费用应由用户负担。

第四十六条 用户独资、合资或集资建设的输电、变电、配电等供电设施建成后，其运行维护管理按以下规定确定：

1. 属于公用性质或占用公用线路规划走廊的，由供电企业统一管理。供电企业应在交接前，与用户协商，就供电设施运行维护管理达成协议。对统一运行维护管理的公用供电设施，供电企业应保留原所有者在上述协议中确认的容量。

2. 属于用户专用性质，但不在公用变电站内的供电设施，由用户运行维护管理。如用户运行维护管理确有困难，可与供电企业协商，就委托供电企业代为运行维护管理有关事项签订协议。

3. 属于用户共用性质的供电设施，由拥有产权的用户共同运行维护管理。如用户共同运行维护管理确有困难，可与供电企业协商，就委托供电企业代为运行维护管理有关事项签订协议。

4. 在公用变电站内由用户投资建设的供电设备，如变压器、通信设备、开关、刀闸等，由供电企业统一经营管理。建成投运前，双方应就运行维护、检修、备品备件等项事宜签订交接协议。

5. 属于临时用电等其他性质的供电设施，原则上由产权所有者运行维护管理，或由双方协商确定，并签订协议。

第四十七条 供电设施的运行维护管理范围，按产权归属确定。责任分界点按下列各项确定：

1. 公用低压线路供电的，以供电接户线用户端最后支持物为分界点，支持物属供电企业。

2. 10 千伏及以下公用高压线路供电的，以用户厂界外或配电室前的第一断路器或第一支持物为分界点，第一断路器或第一支持物属供电企业。

3. 35千伏及以上公用高压线路供电的，以用户厂界外或用户变电站外第一基电杆为分界点。第一基电杆属供电企业。

4. 采用电缆供电的，本着便于维护管理的原则，分界点由供电企业与用户协商确定。

5. 产权属于用户且由用户运行维护的线路，以公用线路分支杆或专用线路接引的公用变电站外第一基电杆为分界点，专用线路第一基电杆属用户。

在电气上的具体分界点，由供用双方协商确定。

第四十八条 供电企业和用户分工维护管理的供电和受电设备，除另有约定者外，未经管辖单位同意，对方不得操作或更动；如因紧急事故必须操作或更动者，事后应迅速通知管辖单位。

第四十九条 由于工程施工或线路维护上的需要，供电企业须在用户处进行凿墙、挖沟、掘坑、巡线等作业时，用户应给予方便，供电企业工作人员应遵守用户的有关安全保卫制度。用户到供电企业维护的设备区作业时，应征得供电企业同意，并在供电企业人员监护下进行工作。作业完工后，双方均应及时予以修复。

第五十条 因建设引起建筑物、构筑物与供电设施相互妨碍，需要迁移供电设施或采取防护措施时，应按建设先后的原则，确定其担负的责任。如供电设施建设在先，建筑物、构筑物建设在后，由后续建设单位负担供电设施迁移、防护所需的费用；如建筑物、构筑物的建设在先，供电设施建设在后，由供电设施建设单位负担建筑物、构筑物的迁移所需的费用；不能确定建设的先后者，由双方协商解决。

供电企业需要迁移用户或其他供电企业的设施时，也按上述原则办理。

城乡建设与改造需迁移供电设施时，供电企业和用户都应积极配合，迁移所需的材料和费用，应在城乡建设与改造投资中解决。

第五十一条　在供电设施上发生事故引起的法律责任，按供电设施产权归属确定。产权归属于谁，谁就承担其拥有的供电设施上发生事故引起的法律责任。但产权所有者不承担受害者因违反安全或其他规章制度，擅自进入供电设施非安全区域内而发生事故引起的法律责任，以及在委托维护的供电设施上，因代理方维护不当所发生事故引起的法律责任。

第五章　供电质量与安全供用电

第五十二条　供电企业和用户都应加强供电和用电的运行管理，切实执行国家和电力行业制订的有关安全供用电的规程制度。用户执行其上级主管机关颁发的电气规程制度，除特殊专用的设备外，如与电力行业标准或规定有矛盾时，应以国家和电力行业标准或规定为准。

供电企业和用户在必要时应制订本单位的现场规程。

第五十三条　在电力系统正常状况下，供电频率的允许偏差为：

1. 电网装机容量在300万千瓦及以上的，为±0.2赫兹；

2. 电网装机容量在300万千瓦以下的，为±0.5赫兹。

在电力系统非正常状况下，供电频率允许偏差不应超过±1.0赫兹。

第五十四条　在电力系统正常状况下，供电企业供到用户受电端的供电电压允许偏差为：

1. 35千伏及以上电压供电的，电压正、负偏差的绝对值之和不超过额定值的10%；

2. 10千伏及以下三相供电的，为额定值的±7%；

3. 220伏单相供电的，为额定值的+7%，－10%。

在电力系统非正常状况下，用户受电端的电压最大允许偏差不应超过额定值的±10%。

用户用电功率因数达不到本规则第四十一条规定的，其受电端的电压偏差不受此限制。

第五十五条 电网公共连接点电压正弦波畸变率和用户注入电网的谐波电流不得超过国家标准GB/T 14549—1993的规定。

用户的非线性阻抗特性的用电设备接入电网运行所注入电网的谐波电流和引起公共连接点电压正弦波畸变率超过标准时，用户必须采取措施予以消除。否则，供电企业可中止对其供电。

第五十六条 用户的冲击负荷、波动负荷、非对称负荷对供电质量产生影响或对安全运行构成干扰和妨碍时，用户必须采取措施予以消除。如不采取措施或采取措施不力，达不到国家标准GB 12326—1990或GB/T 15543—1995规定的要求时，供电企业可中止对其供电。

第五十七条 供电企业应不断改善供电可靠性，减少设备检修和电力系统事故对用户的停电次数及每次停电持续时间。供用电设备计划检修应做到统一安排。供电设备计划检修时，对35千伏及以上电压供电的用户的停电次数，每年不应超过一次；对10千伏供电的用户，每年不应超过三次。

第五十八条 供电企业和用户应共同加强对电能质量的管理。因电能质量某项指标不合格而引起责任纠纷时，不合格的质量责任由电力管理部门认定的电能质量技术检测机构负责技术仲裁。

第五十九条 供电企业和用户的供用电设备计划检修应相互配合，尽量做到统一检修。用电负荷较大，开停对电网有影响的设备，其停开时间，用户应提前与供电企业联系。

遇有紧急检修需停电时，供电企业应按规定提前通知重要用户，用户应予以配合；事故断电，应尽速修复。

第六十条 供电企业应根据电力系统情况和电力负荷的重要性，编制事故限电序位方案，并报电力管理部门审批或备案后执行。

第六十一条 用户应定期进行电气设备和保护装置的检查、检修和试验，消除设备隐患，预防电气设备事故和误动作发生。

用户电气设备危及人身和运行安全时，应立即检修。

多路电源供电的用户应加装连锁装置，或按照供用双方签订的协议进行调度操作。

第六十二条 用户发生下列用电事故，应及时向供电企业报告：①人身触电死亡；②导致电力系统停电；③专线掉闸或全厂停电；④电气火灾；⑤重要或大型电气设备损坏；⑥停电期间向电力系统倒送电。

供电企业接到用户上述事故报告后，应派员赴现场调查，在七天内协助用户提出事故调查报告。

第六十三条 用户受电装置应当与电力系统的继电保护方式相互配合，并按照电力行业有关标准或规程进行整定和检验。由供电企业整定、加封的继电保护装置及其二次回路和供电企业规定的继电保护整定值，用户不得擅自变动。

第六十四条 承装、承修、承试受电工程的单位，必须经电力管理部门审核合格，并取得电力管理部门颁发的《承装（修）电力设施许可证》。

在用户受电装置上作业的电工，应经过电工专业技能的培训，必须取得电力管理部门颁发的《电工进网作业许可证》，方准上岗作业。

第六十五条 供电企业和用户都应经常开展安全供用电宣传教育，普及安全用电常识。

第六十六条 在发供电系统正常情况下，供电企业应连续向用户供应电力。但是，有下列情形之一的，须经批准方可中止供电：

1. 对危害供用电安全，扰乱供用电秩序，拒绝检查者；

2. 拖欠电费经通知催交仍不交者；

3. 受电装置经检验不合格，在指定期间未改善者；

4. 用户注入电网的谐波电流超过标准，以及冲击负荷、非对称负荷等对电能质量产生干扰与妨碍，在规定限期内不采取措施者；

5. 拒不在限期内拆除私增用电容量者；

6. 拒不在限期内交付违约用电引起的费用者；

7. 违反安全用电、计划用电有关规定，拒不改正者；

8. 私自向外转供电力者。

有下列情形之一的，不经批准即可中止供电，但事后应报告本单位负责人：

1. 不可抗力和紧急避险；

2. 确有窃电行为。

第六十七条 除因故中止供电外，供电企业需对用户停止供电时，应按下列程序办理停电手续：

1. 应将停电的用户、原因、时间报本单位负责人批准。批准权限和程序由省电网经营企业制定；

2. 在停电前三至七天内，将停电通知书送达用户，对重要用户的停电，应将停电通知书报送同级电力管理部门；

3. 在停电前30分钟，将停电时间再通知用户一次，方可在通知规定时间实施停电。

第六十八条 因故需要中止供电时，供电企业应按下列要求事先通知用户或进行公告：

1. 因供电设施计划检修需要停电时，应提前七天通知用户或进行公告；

2. 因供电设施临时检修需要停止供电时，应当提前24小时通知重要用户或进行公告；

3. 发供电系统发生故障需要停电、限电或者计划限、停电时，供电企业应按确定的限电序位进行停电或限电。但限电序位应事前公告用户。

第六十九条　引起停电或限电的原因消除后，供电企业应在三日内恢复供电。不能在三日内恢复供电的，供电企业应向用户说明原因。

第六章　用电计量与电费计收

第七十条　供电企业应在用户每一个受电点内按不同电价类别，分别安装用电计量装置。每个受电点作为用户的一个计费单位。

用户为满足内部核算的需要，可自行在其内部装设考核能耗用的电能表，但该表所示读数不得作为供电企业计费依据。

第七十一条　在用户受电点内难以按电价类别分别装设用电计量装置时，可装设总的用电计量装置，然后按其不同电价类别的用电设备容量的比例或实际可能的用电量，确定不同电价类别用电量的比例或定量进行分算，分别计价。供电企业每年至少对上述比例或定量核定一次，用户不得拒绝。

第七十二条　用电计量装置包括计费电能表（有功、无功电能表及最大需量表）和电压、电流互感器及二次连接线导线。计费电能表及附件的购置、安装、移动、更换、校验、拆除、加封、启封及表计接线等，均由供电企业负责办理，用户应提供工作上的方便。

高压用户的成套设备中装有自备电能表及附件时，经供电企业检验合格、加封并移交供电企业维护管理的，可作为计费电能表。用户销户时，供电企业应将该设备交还用户。

供电企业在新装、换装及现场校验后应对用电计量装置加封，并请用户在工作凭证上签章。

第七十三条　对10千伏及以下电压供电的用户，应配置专用的电能计量柜（箱）；对35千伏及以上电压供电的用户，应有专用的电流互感器二次线圈和专用的电压互感器二次连接线，并不得与保护、测量回路共用。电压互感器专用回路的电压降不得超过允许值。超过允许值时，应予以改造或采取必要的技术措施予以更正。

第七十四条 用电计量装置原则上应装在供电设施的产权分界处。如产权分界处不适宜装表的，对专线供电的高压用户，可在供电变压器出口装表计量；对公用线路供电路高压用户；可在用户受电装置的低压侧计量。当用电计量装置不安装在产权分界处时，线路与变压器损耗的有功与无功电量均须由产权所有者负担。在计算用户基本电费（按最大需量计收时）、电度电费及功率因数调整电费时，应将上述损耗电量计算在内。

第七十五条 城镇居民用电一般应实行一户一表。因特殊原因不能实行一户一表计费时，供电企业可根据其容量按公安门牌或楼门单元、楼层安装共用的计费电能表，居民用户不得拒绝合用。共用计费电能表内的各用户，可自行装设分户电能表，自行分算电费，供电企业在技术上予以指导。

第七十六条 临时用电的用户，应安装用电计量装置。对不具备安装条件的，可按其用电容量、使用时间、规定的电价计收电费。

第七十七条 计费电能表装设后，用户应妥为保护，不应在表前堆放影响抄表或计量准确及安全的物品。如发生计费电能表丢失、损坏或过负荷烧坏等情况，用户应及时告知供电企业，以便供电企业采取措施。如因供电企业责任或不可抗力致使计费电能表出现或发生故障的，供电企业应负责换表，不收费用；其他原因引起的，用户应负担赔偿费或修理费。

第七十八条 用户应按国家有关规定，向供电企业存出电能表保证金。供电企业对存入保证金的用户出具保证金凭证，用户应妥为保存。

第七十九条 供电企业必须按规定的周期校验、轮换计费电能表，并对计费电能表进行不定期检查。发现计量失常时，应查明原因。用户认为供电企业装设的计费电能表不准时，有权向供电企业提出校验申请，在用户交付验表费后，供电企业应在七天内检验，并将检验结果通知用户。如计费电能表的误差在允许范围内，验表费不退；如计费电能表的误差超出允许范围时，除退还验表费外，并应按本规则第八十条规定退补电费。用户对检验结果有异议时，可向供电企业上级计量检定机构申请检定。用户在申请验表期间，其电费仍应按期交纳，验表结果确认后，再行退补电费。

第八十条　由于计费计量的互感器、电能表的误差及其连接线电压降超出允许范围或其他非人为原因致使计量记录不准时，供电企业应按下列规定退补相应电量的电费：

1. 互感器或电能表误差超出允许范围时，以“0”误差为基准，按验证后的误差值退补电量。退补时间从上次校验或换装后投入之日起至误差更正之日止的二分之一时间计算。

2. 连接线的电压降超出允许范围时.，以允许电压降为基准，按验证后实际值与允许值之差补收电量。补收时间从连接线投入或负荷增加之日起至电压降更正之日止。

3. 其他非人为原因致使计量记录不准时，以用户正常月份的用电量为基准，退补电量，退补时间按抄表记录确定。

退补期间，用户先按抄见电量如期交纳电费，误差确定后，再行退补。

第八十一条　用电计量装置接线错误、熔断器熔断、倍率不符等原因，使电能计量或计算出现差错时，供电企业应按下列规定退补相应电量的电费：

1. 计费计量装置接线错误的，以其实际记录的电量为基数，按正确与错误接线的差额率退补电量，退补时间从上次校验或换装投入之日起至接线错误更正之日止。

2. 电压互感器熔断器熔断的，按规定计算方法计算值补收相应电量的电费；无法计算的，以用户正常月份用电量为基准，按正常月与故障月的差额补收相应电量的电费，补收时间按抄表记录或按失压自动记录仪记录确定。

3. 计算电量的倍率或铭牌倍率与实际不符的，以实际倍率为基准，按正确与错误倍率的差值退补电量，退补时间以抄表记录为准确定。

退补电量未正式确定前，用户应先按正常月用电量交付电费。

第八十二条 供电企业应当按国家批准的电价，依据用电计量装置的记录计算电费，按期向用户收取或通知用户按期交纳电费。供电企业可根据具体情况，确定向用户收取电费的方式。

用户应按供电企业规定的期限和交费方式交清电费，不得拖延或拒交电费。

用户应按国家规定向供电企业存出电费保证金。

第八十三条 供电企业应在规定的日期抄录计费电能表读数。

由于用户的原因未能如期抄录计费电能表读数时，可通知用户待期补抄或暂按前次用电量计收电费，待下次抄表时一并结清。因用户原因连续六个月不能如期抄到计费电能表读数时，供电企业应通知该用户得终止供电。

第八十四条 基本电费以月计算，但新装、增容、变更与终止用电当月的基本电费，可按实用天数（日用电不足24小时的，按一天计算）每日按全月基本电费三十分之一计算。事故停电、检修停电、计划限电不扣减基本电费。

第八十五条 以变压器容量计算基本电费的用户，其备用的变压器（含高压电动机），属冷备用状态并经供电企业加封的，不收基本电费；属热备用状态的或未经加封的，不论使用与否都计收基本电费。用户专门为调整用电功率因数的设备，如电容器、调相机等，不计收基本电费。

在受电装置一次侧装有连锁装置互为备用的变压器（含高压电

动机），按可能同时使用的变压器（含高压电动机）容量之和的最大值计算其基本电费。

第八十六条　对月用电量较大的用户，供电企业可按用户月电费确定每月分若干次收费，并于抄表后结清当月电费。收费次数由供电企业与用户协商确定，一般每月不少于三次。对于银行划拨电费的，供电企业、用户、银行三方应签订电费划拨和结清的协议书。

供用双方改变开户银行或账号时，应及时通知对方。

第八十七条　临时用电用户未装用电计量装置的，供电企业应根据其用电容量，按双方约定的每日使用时数和使用期限预收全部电费。用电终止时，如实际使用时间不足约定期限二分之一的，可退还预收电费的二分之一；超过约定期限二分之一的，预收电费不退；到约定期限时，得终止供电。

第八十八条　供电企业依法对用户终止供电时，用户必须结清全部电费和与供电企业相关的其他债务。否则，供电企业有权依法追缴。

第七章　并 网 电 厂

第八十九条　在供电营业区内建设的各类发电厂，未经许可，不得从事电力供应与电能经销业务。

并网运行的发电厂，应在发电厂建设项目立项前，与并网的电网经营企业联系，就并网容量、发电时间、上网电价、上网电量等达成电量购销意向性协议。

第九十条　电网经营企业与并网发电厂应根据国家法律、行政法规和有关规定，签订并网协议，并在并网发电前签订并网电量购销合同。合同应当具备下列条款：

1. 并网方式、电能质量和发电时间；

2. 并网发电容量、年发电利用小时和年上网电量；

3. 计量方式和上网电价、电费结算方式；

4. 电网提供的备用容量及计费标准；

5. 合同的有效期限；

6. 违约责任；

7. 双方认为必须规定的其他事宜。

第九十一条 用户自备电厂应自发自供厂区内的用电，不得将自备电厂的电力向厂区外供电。自发自用有余的电量可与供电企业签订电量购销合同。

自备电厂如需伸入或跨越供电企业所属的供电营业区供电的，应经省电网经营企业同意。

第八章 供用电合同与违约责任

第九十二条 供电企业和用户应当在正式供电前，根据用户用电需求和供电企业的供电能力以及办理用电申请时双方已认可或协商一致的下列文件，签订供用电合同：

1. 用户的用电申请报告或用电申请书；

2. 新建项目立项前双方签订的供电意向性协议；

3. 供电企业批复的供电方案；

4. 用户受电装置施工竣工检验报告；

5. 用电计量装置安装完工报告；

6. 供电设施运行维护管理协议；

7. 其他双方事先约定的有关文件。

对用电量大的用户或供电有特殊要求的用户，在签订供用电合同时，可单独签订电费结算协议和电力调度协议等。

第九十三条 供用电合同应采用书面形式。经双方协商同意的有关修改合同的文书、电报、电传和图表也是合同的组成部分。

供用电合同书面形式可分为标准格式和非标准格式两类。标准格式合同适用于供电方式简单、一般性用电需求的用户；非标准格式合同适用于供用电方式特殊的用户。

省电网经营企业可根据用电类别、用电容量、电压等级的不同，分类制定出适应不同类型用户需要的标准格式的供用电合同。

第九十四条　供用电合同的变更或者解除，必须依法进行。有下列情形之一的，允许变更或解除供用电合同：

1. 当事人双方经过协商同意，并且不因此损害国家利益和扰乱供用电秩序；

2. 由于供电能力的变化或国家对电力供应与使用管理的政策调整，使订立供用电合同时的依据被修改或取消；

3. 当事人一方依照法律程序确定确实无法履行合同；

4. 由于不可抗力或一方当事人虽无过失，但无法防止的外因，致使合同无法履行。

第九十五条　供用双方在合同中订有电力运行事故责任条款的，按下列规定办理：

1. 由于供电企业电力运行事故造成用户停电的，供电企业应按用户在停电时间内可能用电量的电度电费的五倍（单一制电价为四倍）给予赔偿。用户在停电时间内可能用电量，按照停电前用户正常用电月份或正常用电一定天数内的每小时平均用电量乘以停电小时求得。

2. 由于用户的责任造成供电企业对外停电，用户应按供电企业对外停电时间少供电量，乘以上月份供电企业平均售电单价给予赔偿。

因用户过错造成其他用户损害的，受害用户要求赔偿时，该用户应当依法承担赔偿责任。

虽因用户过错，但由于供电企业责任而使事故扩大造成其他用户损害的，该用户不承担事故扩大部分的赔偿责任。

3. 对停电责任的分析和停电时间及少供电量的计算，均按供电企业的事故记录及《电业生产事故调查规程》办理。停电时间不足1小时按1小时计算，超过1小时按实际时间计算。

4. 本条所指的电度电费按国家规定的目录电价计算。

第九十六条 供用电双方在合同中订有电压质量责任条款的，按下列规定办理：

1. 用户用电功率因数达到规定标准，而供电电压超出本规则规定的变动幅度，给用户造成损失的，供电企业应按用户每月在电压不合格的累计时间内所用的电量，乘以用户当月用电的平均电价的百分之二十给予赔偿。

2. 用户用电的功率因数未达到规定标准或其他用户原因引起的电压质量不合格的，供电企业不负赔偿责任。

3. 电压变动超出允许变动幅度的时间，以用户自备并经供电企业认可的电压自动记录仪表的记录为准，如用户未装此项仪表，则以供电企业的电压记录为准。

第九十七条 供用电双方在合同中订有频率质量责任条款的，按下列规定办理：

1. 供电频率超出允许偏差，给用户造成损失的，供电企业应按用户每月在频率不合格的累计时间内所用的电量，乘以当月用电的平均电价的百分之二十给予赔偿。

2. 频率变动超出允许偏差的时间，以用户自备并经供电企业认可的频率自动记录仪表的记录为准，如用户未装此项仪表，则以供电企业的频率记录为难。

第九十八条 用户在供电企业规定的期限内未交清电费时，应承担电费滞纳的违约责任。电费违约金从逾期之日起计算至交纳日止。每日电费违约金按下列规定计算：

1. 居民用户每日按欠费总额的千分之一计算；

2. 其他用户：

（1）当年欠费部分，每日按欠费总额的千分之二计算；

（2）跨年度欠费部分，每日按欠费总额的千分之三计算。

电费违约金收取总额按日累加计收，总额不足 1 元者按 1 元收取。

第九十九条 因电力运行事故引起城乡居民用户家用电器损坏的，供电企业应按《居民用户家用电器损坏处理办法》进行处理。

第一百条 危害供用电安全、扰乱正常供用电秩序的行为，属于违约用电行为。供电企业对查获的违约用电行为应及时予以制止。有下列违约用电行为者，应承担其相应的违约责任：

1. 在电价低的供电线路上，擅自接用电价高的用电设备或私自改变用电类别的，应按实际使用日期补交其差额电费，并承担二倍差额电费的违约使用电费。使用起讫日期难以确定的，实际使用时间按三个月计算。

2. 私自超过合同约定的容量用电的，除应拆除私增容设备外，属于两部制电价的用户，应补交私增设备容量使用月数的基本电费，并承担三倍私增容量基本电费的违约使用电费；其他用户应承担私增容量每千瓦（千伏安）50 元的违约使用电费。如用户要求继续使用者，按新装增容办理手续。

3. 擅自超过计划分配的用电指标的，应承担高峰超用电力每次每千瓦 1 元和超用电量与现行电价电费五倍的违约使用电费。

4. 擅自使用已在供电企业办理暂停手续的电力设备或启用供电企业封存的电力设备的，应停用违约使用的设备。属于两部制电价的用户，应补交擅自使用或启用封存设备容量和使用月数的基本电费，并承担二倍补交基本电费的违约使用电费；其他用户应承担擅自使用或启用封存设备容量每次每千瓦（千伏安）30 元的违约使用电费。启用属于私增容被封存的设备的，违约使用者还应承担本条第 2 项规定的违约责任。

5. 私自迁移、更动和擅自操作供电企业的用电计量装置、电力负荷管理装置、供电设施以及约定由供电企业调度的用户受电设备者，属于居民用户的，应承担每次 500 元的违约使用电费；属于其他用户的，应承担每次5000元的违约使用电费。

6. 未经供电企业同意，擅自引入（供出）电源或将备用电源和其他电源私自并网的，除当即拆除接线外，应承担其引入（供出）或并网电源容量每千瓦（千伏安）500元的违约使用电费。

第九章　窃电的制止与处理

第一百零一条　禁止窃电行为。窃电行为包括：

1. 在供电企业的供电设施上，擅自接线用电；

2. 绕越供电企业用电计量装置用电；

3. 伪造或者开启供电企业加封的用电计量装置封印用电；

4. 故意损坏供电企业用电计量装置；

5. 故意使供电企业用电计量装置不准或者失效；

6. 采用其他方法窃电。

第一百零二条　供电企业对查获的窃电者，应予制止并可当场中止供电。窃电者应按所窃电量补交电费，并承担补交电费三倍的违约使用电费。拒绝承担窃电责任的，供电企业应报请电力管理部门依法处理。窃电数额较大或情节严重的，供电企业应提请司法机关依法追究刑事责任。

第一百零三条　窃电量按下列方法确定：

1. 在供电企业的供电设施上，擅自接线用电的，所窃电量按私接设备额定容量（千伏安视同千瓦）乘以实际使用时间计算确定；

2. 以其他行为窃电的，所窃电量按计费电能表标定电流值（对装有限流器的，按限流器整定电流值）所指的容量（千伏安视同千瓦）乘以实际窃用的时间计算确定。

窃电时间无法查明时，窃电日数至少以一百八十天计算，每日窃电时间：电力用户按12小时计算；照明用户按6小时计算。

第一百零四条　因违约用电或窃电造成供电企业的供电设施损

坏的，责任者必须承担供电设施的修复费用或进行赔偿。

因违约用电或窃电导致他人财产、人身安全受到侵害的，受害人有权要求违约用电或窃电者停止侵害，赔偿损失。供电企业应予协助。

第一百零五条 供电企业对检举、查获窃电或违约用电的有关人员应给予奖励。奖励办法由省电网经营企业规定。

第十章 附 则

第一百零六条 跨省电网经营企业、省电网经营企业可根据本规则，在业务上作出补充规定。

第一百零七条 本规则自发布之日起施行。

附录三

国家电网公司供电服务规范

（2003 年 11 月）

第一章　总　　则

第一条　为坚持“人民电业为人民”的服务宗旨，认真贯彻“优质、方便、规范、真诚”的供电服务方针，不断提高供电服务质量，规范供电服务行为，提升供电服务水平，并接受全社会的监督，制定本规范。

第二条　本规范适用于国家电网公司所属各电网经营企业和供电企业。

第三条　本规范是电网经营企业和供电企业在电力供应经营活动中，为客户提供供电服务时应达到的基本行为规范和质量标准。

第二章　通用服务规范

第四条　基本道德和技能规范：

（一）严格遵守国家法律、法规，诚实守信、恪守承诺。爱岗敬业，乐于奉献，廉洁自律，秉公办事；

（二）真心实意为客户着想，尽量满足客户的合理要求。对客户的咨询、投诉等不推诿，不拒绝，不搪塞，及时、耐心、准确地给予解答；

（三）遵守国家的保密原则，尊重客户的保密要求，不对外泄露客户的保密资料；

（四）工作期间精神饱满，注意力集中。使用规范化文明用语，提倡使用普通话；

（五）熟知本岗位的业务知识和相关技能，岗位操作规范、熟练，具有合格的专业技术水平。

第五条　诚信服务规范：

（一）公布服务承诺、服务项目、服务范围、服务程序、收费标准和收费依据，接受社会与客户的监督；

（二）从方便客户出发，合理设置供电服务营业网点或满足基本业务需要的代办点，并保证服务质量；

（三）根据国家有关法律法规，本着平等、自愿、诚实信用的原则，以合同形式明确供电企业与客户双方的权利和义务，明确产权责任分界点，维护双方的合法权益；

（四）严格执行国家规定的电费电价政策及业务收费标准，严禁利用各种方式和手段变相扩大收费范围或提高收费标准；

（五）聘请供电服务质量监督员，定期召开客户座谈会并走访客户，听取客户意见，改进供电服务工作；

（六）经常开展安全供用电宣传；

（七）以实现全社会电力资源优化配置为目标，开展电力需求侧管理和服务活动，减少客户用电成本，提高用电负荷率。

第六条　行为举止规范：

（一）行为举止应做到自然、文雅、端庄、大方。站立时，抬头、挺胸、收腹，双手下垂置于身体两侧或双手交叠自然下垂，双脚并拢，脚跟相靠，脚尖微开，不得双手抱胸、叉腰。坐下时，上身自然挺直，两肩平衡放松，后背与椅背保持一定间隙，不用手托腮或趴在工作台上，不抖动腿和翘二郎腿。走路时，步幅适当，节奏适宜，不奔跑追逐，不边走边大声谈笑喧哗。尽量避免在客户面前打哈欠、打喷嚏，难以控制时，应侧面回避，并向对方致歉；

（二）为客户提供服务时，应礼貌、谦和、热情。接待客户时，应面带微笑，目光专注，做到来有迎声、去有送声。与客户会话时，应亲切、诚恳，有问必答。工作发生差错时，应及时更正并向客户道歉；

（三）当客户的要求与政策、法律、法规及本企业制度相悖时，应向客户耐心解释，争取客户理解，做到有理有节。遇有客户提出不合理要求时，应向客户委婉说明。不得与客户发生争吵；

（四）为行动不便的客户提供服务时，应主动给予特别照顾和帮助。对听力不好的客户，应适当提高语音，放慢语速；

（五）与客户交接钱物时，应唱收唱付，轻拿轻放，不抛不丢。

第七条 仪容仪表规范：

（一）供电服务人员上岗必须统一着装，并佩戴工号牌；

（二）保持仪容仪表美观大方，不得浓妆艳抹，不得敞怀、将长裤卷起，不得戴墨镜。

第八条 电压质量标准：

（一）在电力系统正常状况下，客户受电端的供电电压允许偏差为：

1. 35千伏及以上电压供电的，电压正、负偏差的绝对值之和不超过额定值的10％；

2. 10千伏及以下三相供电的，为额定值的±7％；

3. 220伏单相供电的，为额定值的＋7％，－10％。

（二）在电力系统非正常状况下，客户受电端的电压最大允许偏差不应超过额定值的±10％。

（三）当客户用电功率因数达不到《供电营业规则》规定的要求时，其受电端的电压偏差不受上述限制。

（四）城市居民客户端电压合格率不低于95％，农网居民客户端电压合格率不低于90％。

第九条 供电可靠率指标：

（一）城市地区供电可靠率不低于99.89％，农网供电可靠率不低于99％；

（二）减少因供电设备计划检修和电力系统事故对客户的停电

次数及每次停电的持续时间。供电设备计划检修时，对 35 千伏及以上电压等级供电的客户的停电次数，每年不应超过 1 次；对 10 千伏电压等级供电的客户，每年不应超过 3 次；

（三）供电设施因计划检修需要停电时，应提前 7 天将停电区域、线路、停电时间和恢复供电的时间进行公告，并通知重要客户。供电设施因临时检修需要停电的，应提前 24 小时通知重要用户或进行公告；

（四）对紧急情况下的停电或限电，客户询问时，应向客户做好解释工作，并尽快恢复正常供电。

第三章　营业场所服务规范

第十条　服务内容：

（一）受理电力客户新装或增加用电容量、变更用电、业务咨询与查询、交纳电费、报修、投诉等；

（二）设置值班主任，安排领导接待日；

（三）县以上供电营业场所无周休日。

第十一条　服务规范：

（一）营业人员必须准点上岗，做好营业前的各项准备工作；

（二）实行首问负责制。无论办理业务是否对口，接待人员都要认真倾听，热心引导，快速衔接，并为客户提供准确的联系人、联系电话和地址；

（三）实行限时办结制。办理居民客户收费业务的时间一般每件不超过 5 分钟，办理客户用电业务的时间一般每件不超过 20 分钟；

（四）受理用电业务时，应主动向客户说明该项业务需客户提供的相关资料、办理的基本流程、相关的收费项目和标准，并提供业务咨询和投诉电话号码；

（五）客户填写业务登记表时，营业人员应给予热情的指导和帮助，并认真审核，如发现填写有误，应及时向客户指出；

（六）客户来办理业务时，应主动接待，不因遇见熟人或接听电话而怠慢客户。如前一位客户业务办理时间过长，应礼貌地向下一位客户致歉；

（七）因计算机系统出现故障而影响业务办理时，若短时间内可以恢复，应请客户稍候并致歉；若需较长时间才能恢复，除向客户说明情况并道歉外，应请客户留下联系电话，以便另约服务时间；

（八）当有特殊情况必须暂时停办业务时，应列示“暂停营业”标牌；

（九）临下班时，对于正在处理中的业务应照常办理完毕后方可下班。下班时如仍有等候办理业务的客户，应继续办理；

（十）值班主任应对业务受理中的疑难问题及时进行协调处理。

第十二条　环境要求：

（一）环境整洁。有条件的地方，可设置无障碍通道；

（二）营业场所外设置规范的供电企业标志和营业时间牌；

（三）营业场所内应张贴“优质、方便、规范、真诚”的服务标语。公布供电服务项目、业务办理程序、电价表、收费项目及收费标准。公布岗位纪律、服务承诺、服务及投诉电话。设置意见箱或意见簿；

（四）营业场所内应布局合理、舒适安全。设有客户等候休息处，备有饮用水；配置客户书写台、书写工具、老花眼镜、登记表书写示范样本等；放置免费赠送的宣传资料；墙面应挂有时钟、日历牌；有明显的禁烟标志。有条件的营业场所，应设置业务洽谈区域和电能利用展示区；

（五）营业窗口应设置醒目的业务受理标识。标识一般由窗口编号或名称、经办业务种类等组成。必要时，应设有中英文对照标识，少数民族地区应设有汉文和民族文字对应标识；

（六）具备可供客户查询相关资料的手段。有条件的营业场所，应设置客户自助查询的计算机终端。

第四章　“95598”服务规范

第十三条　“95598”服务内容：

（一）“95598”客户服务热线：停电信息公告、电力故障报修、服务质量投诉、用电信息查询、咨询、业务受理等；

（二）“95598”客户服务网页（网站）：停电信息公告、用电信息查询、业务办理信息查询、供用电政策法规查询、服务质量投诉等；

（三）24 小时不间断服务。

第十四条　“95598”客户服务热线服务规范：

（一）时刻保持电话畅通，电话铃响 4 声内接听，超过 4 声应道歉。应答时要首先问候，然后报出单位名称和工号；

（二）接听电话时，应做到语言亲切、语气诚恳、语音清晰、语速适中、语调平和、言简意赅。应根据实际情况随时说“是”“对”等，以示在专心聆听，重要内容要注意重复、确认。通话结束，须等客户先挂断电话后再挂电话，不可强行挂断；

（三）受理客户咨询时，应耐心、细致，尽量少用生僻的电力专业术语，以免影响与客户的交流效果。如不能当即答复，应向客户致歉，并留下联系电话，经研究或请示领导后，尽快答复。客户咨询或投诉叙述不清时，应用客气周到的语言引导或提示客户，不随意打断客人的话语；

（四）核对客户资料时（姓名、地址等），对于多音字应选择中性词或褒义词，避免使用贬义词或反面人物名字；

（五）接到客户报修时，应详细询问故障情况。如判断确属供电企业抢修范围内的故障或无法判断故障原因，应详细记录，立即通知抢修部门前去处理。如判断属客户内部故障，可电话引导客户排查故障，也可应客户要求提供抢修服务，但要事先向客户说明该项服务是有偿服务；

（六）因输配电设备事故、检修引起停电，客户询问时，应告知客户停电原因，并主动致歉；

（七）客户打错电话时，应礼貌地说明情况。对带有主观恶意的骚扰电话，可用恰当的言语警告后先行挂断电话并向值长或主管汇报；

（八）客户来电话发泄怒气时，应仔细倾听并做记录，对客户讲话应有所反应，并表示体谅对方的情绪。如感到难以处理时，应适时地将电话转给值长、主管等，避免与客户发生正面冲突；

（九）建立客户回访制度。对客户投诉，应100％跟踪投诉受理全过程，5天内答复。对故障报修，必要时在修复后及时进行回访，听取意见和建议。

第十五条 “95598”客户服务网页（网站）服务规范：

（一）网页制作应直观，色彩明快。首页应有明显的“供电客户服务”字样。为方便客户使用，应设有导航服务系统；

（二）网页内容应及时更新；

（三）网上开通业务受理项目的，应提供方便客户填写的表格以及办理各项业务的说明资料；

（四）网上应设立咨询台、留言簿，管理员应及时对客户的意见和建议进行回复。

第五章 现场服务规范

第十六条 现场服务内容：

（一）客户侧计费电能表电量抄见；

（二）故障抢修；

（三）客户侧停电、复电；

（四）客户侧用电情况的巡查；

（五）客户侧用电报装工程的设施安装、验收、接电前检查及设备接电；

（六）客户侧计费电能表现场安装、校验。

第十七条 现场服务纪律：

（一）对客户的受电工程不指定设计单位，不指定施工队伍，不指定设备材料采购；

（二）到客户现场服务前，有必要且有条件的，应与客户预约时间，讲明工作内容和工作地点，请客户予以配合；

（三）进入客户现场时，应主动出示工作证件，并进行自我介绍。进入居民室内时，应先按门铃或轻轻敲门，主动出示工作证件，征得同意后，穿上鞋套，方可入内；

（四）到客户现场工作时，应遵守客户内部有关规章制度，尊重客户的风俗习惯；

（五）到客户现场工作时，应携带必备的工具和材料。工具、材料应摆放有序，严禁乱堆乱放。如需借用客户物品，应征得客户同意，用完后先清洁再轻轻放回原处，并向客户致谢；

（六）如在工作中损坏了客户原有设施，应尽量恢复原状或等价赔偿；

（七）在公共场所施工，应有安全措施，悬挂施工单位标志、安全标志，并配有礼貌用语。在道路两旁施工时，应在恰当位置摆放醒目的告示牌；

（八）现场工作结束后，应立即清扫，不能留有废料和污迹，做到设备、场地清洁。同时应向客户交待有关注意事项，并主动征求客户意见。电力电缆沟道等作业完成后，应立即盖好所有盖板，确保行人、车辆通行；

（九）原则上不在客户处住宿、就餐，如因特殊情况确需在客户处住宿、就餐的，应按价付费。

第十八条 供电方案答复及送电时限：

（一）已受理的用电报装，供电方案答复时限：低压电力客户最长不超过10天；高压单电源客户最长不超过1个月；高压双电源客户最长不超过2个月。若不能如期确定供电方案时，供电企业应向客户说明原因；

（二）对客户送审的受电工程设计文件和有关资料答复时限：高压供电的最长不超过1个月；低压供电的最长不超过10天。供电企业的审核意见应以书面形式连同审核过的受电工程设计文件一份和有关资料一并退还客户，以便客户据以施工；

（三）受理居民客户申请用电后，5个工作日内送电；其他客户在受电装置验收合格并签订供用电合同后，5个工作日内送电。

第十九条 抄表收费服务规范：

（一）供电企业应在规定的日期准确抄录计费电能表读数。因客户的原因不能如期抄录计费电能表读数时，可通知客户待期补抄或暂按前次用电量计收电费，待下一次抄表时一并结清。确需调整抄表时间的，应事先通知客户；

（二）供电企业应向客户提供不少于两种可供选择的缴纳电费方式；

（三）在尊重客户、有利于公平结算的前提下，供电企业可采用客户乐于接受的技术手段、结算和付费方式进行抄表收费工作。

第二十条 故障抢修服务规范：

（一）提供24小时电力故障报修服务，对电力报修请求做到快速反应、有效处理；

（二）加快故障抢修速度，缩短故障处理时间。有条件的地区应配备用于临时供电的发电车；

（三）接到报修电话后，故障抢修人员到达故障现场的时限：城区45分钟、农村90分钟、边远地区2小时，特殊边远地区根据实际情况合理确定；

（四）因天气等特殊原因造成故障较多不能在规定时间内到达现场进行处理的，应向客户做好解释工作，并争取尽快安排抢修工作。

第二十一条　装表、接电及现场检查服务规范：

（一）供电企业在新装、换装及现场校验后应对电能计量装置加封，并请客户在工作凭证上签章。如居民客户不在家，应以其他方式通知其电表底数。拆回的电能计量装置应在表库至少存放1个月，以便客户提出异议时进行复核；

（二）对客户受电工程的中间检查和竣工检验，应以有关的法律法规、技术规范、技术标准、施工设计为依据，不得提出不合理要求。对检查或检验不合格的，应向客户耐心说明，并留下书面整改意见。客户改正后予以再次检验，直至合格；

（三）用电检查人员依法到客户用电现场执行用电检查任务时，必须按照《用电检查管理办法》的规定，主动向被检查客户出示《用电检查证》，并按“用电检查工作单”确定的项目和内容进行检查；

（四）用电检查人员不得在检查现场替代客户进行电工作业；

（五）供电企业应按规程规定的周期检验或检定、轮换计费电能表，并对电能计量装置进行不定期检查。发现计量装置失常时，应及时查明原因并按规定处理；

（六）发现因客户责任引起的电能计量装置损坏，应礼貌地与客户分析损坏原因，由客户确认，并在工作单上签字；

（七）客户对计费电能表的准确性提出异议，并要求进行校验的，经有资质的电能计量技术检定机构检定，在允许误差范围内的，校验费由客户承担；超出允许误差范围的，校验费由供电企业承担，并按规定向客户退补相应电量的电费。

第二十二条　停、复电服务规范：

（一）因故对客户实施停电时，应严格按照《供电营业规则》

规定的程序办理；

（二）引起停电的原因消除后应及时恢复供电，不能及时恢复供电的，应向客户说明原因。

第六章　有偿服务规范

第二十三条　对产权不属于供电企业的电力设施进行维护和抢修实行有偿服务的原则。

第二十四条　应客户要求进行有偿服务的，电力修复或更换电气材料的费用，执行省（自治区、直辖市）物价管理部门核定的收费标准。

第二十五条　进行有偿服务工作时，应向客户逐一列出修复项目、收费标准、消耗材料、单价等清单，并经客户确认、签字。付费后，应开具正式发票。

第二十六条　有偿服务工作完毕后，应留下联系电话，并主动回访客户，征求意见。

第七章　投诉举报处理服务规范

第二十七条　规范投诉举报处理程序，建立严格的供电服务投诉举报管理制度。

第二十八条　通过以下方式接受客户的投诉和举报：

（一）“95598”供电客户服务热线或专设的投诉举报电话；

（二）营业场所设置意见箱或意见簿；

（三）信函；

（四）“95598”供电客户服务网页（网站）；

（五）领导对外接待日；

（六）其他渠道。

第二十九条　接到客户投诉或举报时，应向客户致谢，详细记录具体情况后，立即转递相关部门或领导处理。投诉在5天内、举报在10天内答复。

第三十条　处理客户投诉应以事实和法律为依据，以维护客户的合法权益和保护国有财产不受侵犯为原则。

第三十一条　对客户投诉，无论责任归于何方，都应积极、热情、认真进行处理，不得在处理过程中发生内部推诿、搪塞或敷衍了事的情况。

第三十二条　建立对投诉举报客户的回访制度。及时跟踪投诉举报处理进展情况，进行督办，并适时予以通报。

第三十三条　严格保密制度，尊重客户意愿，满足客户匿名请求，为投诉举报人做好保密工作。

第三十四条　对隐瞒投诉举报情况或隐匿、销毁投诉举报件者，一经发现，严肃处理。

第三十五条　保护投诉举报人的合法权利。对打击报复投诉举报人的行为，一经发现，严肃处理。

第八章　附　　则

第三十六条　各网省（自治区、直辖市）电力公司应结合本地实际情况制定实施细则。

第三十七条　本规范自颁布之日起实施。

附录四

国家电网公司供电服务质量标准

（2014 年 12 月 15 日）

1　范围

本标准规定了电网经营企业和供电企业在电力供应经营活动中，为客户提供供电服务时应达到的质量标准，以满足广大电力客户对供电服务的需求。

本标准适用于公司系统省（自治区、直辖市）电力公司、国网客服中心、地市（区）供电公司及县级供电公司，各省公司可在此基础上，制定实施细则，但具体要求不应低于本标准。

本标准不等同于向客户的承诺。

2　规范性引用文件

下列文件对于本文件的应用是必不可少的。凡是注日期的引用文件，仅所注日期的版本适用于本文件。凡是不注日期的引用文件，其最新版本（包括所有的修改单）适用于本文件。

GB/T 12325—2008 电能质量 供电电压偏差

GB/T 14549—1993 电能质量 公用电网谐波

GB/T 15543—2008 电能质量 三相电压不平衡

GB/T 28583—2012 供电服务规范

3　术语和定义

下列术语和定义适用于本文件。

3.1　客户 customer

可能或已经与供电企业建立供用电关系的组织或个人。

3.2　供电服务 power supply service

服务提供者遵循一定的标准和规范，以特定方式和手段，提供合格的电能产品和满意的服务来实现客户现实或者潜在的用电需求的活动过程。供电服务包括供电产品提供和供电客户服务。

〔GB/T 28583—2012，定义 3.5〕

3.3　供电客户服务 power retail customer service

电力供应过程中，企业为满足客户获得和使用电力产品的各种相关需求的一系列活动的总称。以下简称“客户服务”。

3.4　供电客户服务渠道 power retail customer service channel

供电企业与客户进行交互、提供服务的具体途径。以下简称“服务渠道”。

3.5　供电客户服务项目 power retail customer service item

供电企业针对明确的服务对象，由服务提供者通过具体的服务渠道，在一定周期内按照规范的服务流程和内容提供的一系列服务活动 。以下简称“服务项目”。

3.6　电子渠道 electronic channel

供电企业通过网络与客户进行交互、提供服务的途径，包括95598 智能互动网站、APP（移动客户端）、供电服务微信公众号、数字电视媒体等。

4　供电产品质量标准

4.1　在电力系统正常状况下，电网装机容量在 300 万千瓦及以上的，供电频率的允许偏差为±0.2 赫兹；电网装机容量在 300 万千瓦 以下的，供电频率的允许偏差为±0.5 赫兹；在电力系统非正常状况下，供电频率允许偏差不应超过±1.0 赫兹。

4.2　在电力系统正常状况下，供电企业供到用户受电端的供电电压允许偏差为：35千伏及以上电压供电的，电压正、负偏差的绝对值之和不超过标称电压的10%；10千伏及以下三相供电的，为标称电压的±7%；220伏单相供电的，为标称电压的+7%，−10%。在电力系统非正常状况下，用户受电端的电压最大允许偏差不应超过标称电压的±10%。

〔GB/T 12325—2008〕

4.3 电网正常运行时，电力系统公共连接点负序电压不平衡度允许值为2%，短时不得超过4%。

〔GB/T 15543—2008〕

4.4 0.4～220千伏各级公用电网电压（相电压）总谐波畸变率是：0.4千伏为5.0%，6～10千伏为4.0%，35～66千伏为3.0%，110～220千伏为2.0%。

〔GB/T 14549—1993〕

4.5 城市客户年平均停电时间不超过37.5小时（对应供电可靠率不低于99.6%）。供电设备计划检修时，对35千伏及以上电压供电的用户，每年停电不应超过一次；对10千伏供电的用户，每年停电不应超过三次。

5 服务渠道质量标准

5.1 供电营业厅应准确公示服务承诺、服务项目、业务办理流程、投诉监督电话、电价和收费标准。

5.2 居民客户收费办理时间一般每件不超过5分钟，用电业务办理时间一般每件不超过20分钟。

5.3 95598服务热线应24小时保持畅通。

5.4 95598客服代表应在振铃3声（12秒）内接听，使用标准欢迎语。外呼时应首先问候，自我介绍，确认客户身份；一般情况下不得先于客户挂断电话，结束通话应使用标准结束语。

5.5 电子渠道应24小时受理客户需求，如需人工确认的，电子客服代表在1个工作日内与客户确认。

5.6　进入客户现场时，服务人员应统一着装、佩戴工号牌（工作牌），并主动表明身份、出示证件。协作人员应统一着装。

5.7　现场工作结束后应立即清理，不能遗留废弃物，做到设备、场地整洁。

5.8　受供电企业委托的银行及其他代办机构营业窗口应悬挂委托代收电费标识，并明确告知客户其收费方式和时间。

6　服务项目质量标准

6.1　供电方案答复期限：居民客户不超过3个工作日，其他低压电力客户不超过7个工作日，高压单电源客户不超过15个工作日，高压双电源客户不超过30个工作日。

6.2　对客户送审的受电工程设计文件和有关资料答复期限：自受理之日起，高压供电的不超过20个工作日；低压供电的不超过8个工作日。

6.3　向高压客户提交拟签订的供用电合同文本（包括电费结算协议、调度协议、并网协议）期限：自受电工程设计文件和有关资料审核通过后，不超过7个工作日。

6.4　城乡居民客户向供电企业申请用电，受电装置检验合格并办理相关手续后，3个工作日内送电。非居民客户向供电企业申请用电，受电工程验收合格并办理相关手续后，5个工作日内送电。

6.5　对高压业扩工程，送电后应由95598客服代表100%回访客户。

6.6　严禁为客户指定设计、施工、供货单位。

6.7　对客户用电申请资料的缺件情况、受电工程设计文件的审核意见、中间检查和竣工检验的整改意见，均应以书面形式一次性完整告知，由双方签字确认并存档。

6.8 供电抢修人员到达现场的时间一般为：城区范围 45 分钟；农村地区 90 分钟；特殊边远地区 2 小时。若因特殊恶劣天气或交通堵塞等客观因素无法按规定时限到达现场的，抢修人员应在规定时限内与客户联系、说明情况并预约到达现场时间，经客户同意后按预约时间到达现场。

6.9 客户查询故障抢修情况时，应告知客户当前抢修进度或抢修结果。

6.10 受理客户咨询时，对不能当即答复的，应说明原因，并在 5 个工作日内答复客户。

6.11 受理客户投诉后，1 个工作日内联系客户，7 个工作日内答复客户。

6.12 受理客户举报、建议、意见业务后，应在 10 个工作日内答复客户。

6.13 受理客户服务申请后：

a）电器损坏核损业务 24 小时内到达现场；

b）电能表异常业务 5 个工作日内处理；

c）抄表数据异常业务 7 个工作日内核实；

d）其他服务申请类业务 6 个工作日内处理完毕。

6.14 客户欠电费需依法采取停电措施的，提前 7 天送达停电通知，费用结清后 24 小时内恢复供电。

6.15 受理客户计费电能表校验申请后，应在 5 个工作日内提供检测结果。

6.16 对客户受电工程启动中间检查的期限，自受理客户申请之日起，低压供电客户不超过 3 个工作日，高压供电客户不超过 5 个工作日。

6.17 对客户受电工程启动竣工检验的期限，自受理客户受电装置竣工报告和检验申请之日起，低压供电客户不超过 5 个工作日，高压供电客户不超过 7 个工作日。

6.18　居民用户更名、过户业务在正式受理且费用结清后，5个工作日内办理完毕。暂停、临时性减容（无工程的）业务在正式受理后，5个工作日内办理完毕。

6.19　分布式电源项目接入系统方案时限：

a）受理接入申请后，10千伏及以下电压等级接入、且单个并网点总装机容量不超过6兆瓦的分布式电源项目不超过40个工作日；

b）受理接入申请后，35千伏电压等级接入、年自发自用电量大于50%的分布式电源项目不超过60个工作日；

c）受理接入申请后，10千伏电压等级接入且单个并网点总装机容量超过6兆瓦、年自发自用电量大于50%的分布式电源项目不超过60个工作日。

6.20　分布式电源项目受理并网验收及并网调试申请后，10个工作日内完成关口计量和发电量计量装置安装服务。

6.21　分布式电源项目在电能计量装置安装、合同和协议签署完毕后，10个工作日内组织并网验收及并网调试。

6.22　因供电设施计划检修需要停电的，提前7天公告停电区域、停电线路、停电时间。

6.23　客户交费日期、地点、银行账号等信息发生变更时，应在至少在变更前3个工作日告知客户。

6.24　供电设施计划检修停电时，应提前7天通知重要客户；临时检修需要停电时，应提前24小时通知重要客户。

6.25　当电力供应不足或因电网原因不能保证连续供电的，应执行政府批准的有序用电方案。

6.26　高压客户计量装置换装应提前预约，并在约定时间内到达现场。换装后，应请客户核对表计底数并签字确认。

6.27　低压客户电能表换装前，应在小区和单元张贴告知书，或在物业公司（村委会）备案；换装电能表前应对装在现场的原电能表进行底度拍照，拆回的电能表应在表库至少存放 1 个抄表或电费结算周期。

6.28 对专线进行计划停电，应与客户进行协商，并按协商结果执行。

6.29 客户要求订阅电费信息的，应至少在交费截止日前 5 天提供。

6.30 接到客户反映电费差错，经核实确实由供电企业引起的，应于 7 个工作日内将差错电量电费退还给客户，涉及现金款项退费的应于 10 个工作日内完成。

附 录 A
（资料性附录）
供电客户服务的概念与定义

A.1　供电客户服务的构成要素

供电客户服务工作要坚持以客户为中心，以需求为导向，充分满足客户现实和潜在的用电需求。

A.2　客户服务工作的基础是合格的电能产品，电能产品质量的好坏并不取决于客户服务工作，而是由电能产品的生产和传输环节所决定的。

A.3　客户服务工作应遵循国家、行业和企业的相关服务标准和规范，在允许和要求的范围之内开展。

A.4　客户服务工作由特定的服务提供者来完成，提供者包括与客户有直接接触的前台工作人员，以及为前台工作人员提供支持、参与客户服务工作过程的后台工作人员。

A.5　客户服务工作需要借助服务渠道提供特定的客户服务项目来满足客户需求。

A.6　客户服务工作须坚持持续改进原则。针对服务项目和服务渠道进行监测，采用科学的评价方法和手段，发现问题，制定措施，不断改进客户服务工作，提升服务质量和客户满意度。

A.7　相关术语定义

A.8　通用术语

A.8.1　标准

为在一定的范围内获得最佳秩序，经协商一致制定并由公认机构批准，共同使用的和重复使用的一种信息化文件。

注：标准宜以科学、技术和经验的综合成果，以及经过验证正确的信息数据为基础，以促进最佳的共同经济效率和经济效益为目的。

A.8.2　标准化

为在一定范围内获得最佳秩序，对现实问题或潜在问题制定共同使用和重复使用的条款的活动。

注：包括制定、发布及实施标准的过程。标准化的重要意义是改进产品、过程和服务的适用性，防止贸易壁垒，促进技术合作。

A.8.3　规范

对于某一工程作业或者行为进行定性的信息规定。

注：规范是指由群体确立的行为要求，可以由组织正式规定，也可以是非正式形成；因为无法精准定量地形成标准，所以被称为规范。

A.9　服务业基础术语

A.9.1　接触

组织根据顾客的需要与其建立和保持联系的活动。

注：在接触活动中，组织和顾客可能由双方的人员或物品来代表。

A.9.2　接触点

组织与顾客接触时的位置。

注：服务人员与顾客接触的位置，称有人接触点。服务设施与顾客接触的位置，称无人接触点。

A.9.3　接触过程

一组同时或先后发生的具有连续性的接触活动。

注：接触过程通常包含着服务提供之前、服务提供之中、服务提供之后三个阶段。

A. 9. 4　服务

存在于接触过程之中，是满足顾客要求的接触活动及内部活动共同产生的结果。

注 1：过程与结果是同时发生的，一旦过程结束其结果也就随之消失。

注 2：同时性、无形性、非重复性、非储存性、非运输性构成了服务不同于有形产品的基本特征。

注 3：有形产品的提供和使用可能成为服务的一部分。

A. 9. 5　服务资源

为顾客提供服务的人力资源和物质资源的总和。

注：人力资源指服务人员，物质资源指服务设施、服务用品和服务环境。

A. 9. 6　服务提供

将服务资源的输入转化为服务输出的接触活动及内部活动的总和。

注：服务和服务提供是接触过程的两个方面，前者是过程的结果。

A. 9. 7　服务特性

接触过程中提供的，可以使顾客观察体验并加以评价的有形或无形特性。

注 1：有形特性指服务人员、服务设施、服务用品、服务环境等服务资源的固有特性。

注 2：无形特性指服务范围、服务程序、服务技巧、服务礼仪等服务活动的固有特性。

A. 9. 8　服务质量

一组同时或先后发生的服务特性逐个满足顾客要求的程度。

注：服务与有形产品的区别使服务特性无法像有形产品特性那样固化在一个物质实体上面，而是分解为许多无法集中控制的

有形或无形特性。对这些服务特性的逐个控制就成为控制服务质量的关键。

A. 9. 9　服务规范

描述服务提供过程得到的结果所应满足的特性要求。

A. 9. 10　服务标准

规定服务满足的要求以确保其适用性的标准。

A. 9. 11　客户满意度

客户在接受某一服务时，实际感知的服务与预期得到的服务的差值。

A. 9. 12　服务标准化

以服务活动和结果作为标准化对象，规定服务应满足的要求以确保其适用性，其研究范围包括国民经济行业中的全部服务领域。它包括制定、发布及实施标准的过程。

A. 9. 13　服务质量指标

反映企业服务固有特性满足要求程度的，用于量化测评企业服务质量的一组指标。

A. 9. 14　服务评价指标

对应于服务质量指标设定的目标值，用于衡量服务质量是否达到目标的一系列指标。

A. 10　供电客户服务相关术语

A. 10. 1　客户

可能或已经与供电企业建立供用电关系的组织或个人。

A. 10. 2　供电服务

服务提供者遵循一定的标准和规范，以特定方式和手段，提供合格的电能产品和满意的服务来实现客户现实或者潜在的用电需求的活动过程。供电服务包括供电产品提供和供电客户服务。

A. 10. 3　供电客户服务

电力供应过程中，企业为满足客户获得和使用电力产品的各种相关需求的一系列活动的总称。简称“客户服务”。

A. 10. 4　供电客户服务渠道

供电企业与客户进行交互、提供服务的具体途径。简称“服务渠道”。

A. 10. 5　供电客户服务项目

供电企业针对明确的服务对象，由服务提供者通过具体的服务渠道，在一定周期内按照规范的服务流程和内容提供的一系列服务活动。简称“服务项目”。

A. 10. 6　客户体验轨迹

客户在一个服务渠道中所感知的被服务的有序过程的总称。该轨迹包括未入渠道、进入渠道、等待服务、接受服务、结束服务、离开渠道六个阶段。

A. 10. 7　服务流程

为实现服务项目的标准提供，以客户要求服务为触发点，以客户需求得到满足为结束，描述各环节服务提供者在提供一系列服务活动时应遵循的有序程序。

A. 10. 8　服务接触点

在供电客户服务过程中，供电企业为满足客户的某项用电需求，通过一个或多个服务渠道向客户提供某个服务项目时，与客户进行交互的时刻及位置。

A. 10. 9　供电客户服务提供标准

供电企业实现客户服务的过程中，向客户提供的各项服务资源的基本配置要求，包括服务功能、服务环境、服务方式、服务人员、服务流程、服务设施及用品等。简称“客户服务提供标准”。

A. 10. 10　供电客户服务质量标准

供电企业对所提供的服务活动和结果应满足客户用电需求的程

度，而规定的质量目标及相应的各项质量指标。简称“客户服务质量标准”。

A. 10. 11　供电客户服务品质内部评价

供电企业为衡量所提供的服务是否达到质量标准要求，以及评测服务品质水平，而自行组织实施的评价工作。简称“客户服务品质内部评价”。

附录五

国家电网公司供电客户服务提供标准

（2014年12月15日）

1　范围

本标准规定了电网经营企业和供电企业在实现客户服务的过程中，向客户提供的各项服务资源和服务活动的基本配置要求。

本标准适用于公司系统省（自治区、直辖市）电力公司、国网客服中心、地市（区）供电公司及县级供电公司，各省公司可在此基础上制定实施细则，但具体要求不应低于本标准。

本标准不等同于向客户的承诺，仅作为企业内部工作过程中，为客户提供服务时应达到的基本要求。

2　规范性引用文件

下列文件对于本文的应用是必不可少的。凡是注日期的引用文件，仅注日期的版本适用于本文件。

凡是不注日期的引用文件，其最新版本（包括所有的修改单）适用于本文件。

GB/T 28583—2012 供电服务规范

3　术语和定义

下列术语和定义适用于本文件。

3.1　客户 customer

可能或已经与供电企业建立供用电关系的组织或个人。

3.2　供电服务 power supply service

服务提供者遵循一定的标准和规范，以特定方式和手段，提供合格的电能产品和满意的服务来实现客户现实或者潜在的用电需求的活动过程。供电服务包括供电产品提供和供电客户服务。

〔GB/T 28583—2012，定义 3.5〕

3.3　供电客户服务 power retail customer service

电力供应过程中，企业为满足客户获得和使用电力产品的各种相关需求的一系列活动的总称。以下简称“客户服务”。

3.4　供电客户服务渠道 power retail customer service channel

供电企业与客户进行交互、提供服务的具体途径。以下简称“服务渠道”。

3.5　供电客户服务项目 power retail customer service item

供电企业针对明确的服务对象，由服务提供者通过具体的服务渠道，在一定周期内按照规范的服务流程和内容提供的一系列服务活动 。以下简称“服务项目”。

3.6　电子渠道 electronic channel

供电企业通过网络与客户进行交互、提供服务的途径，包括95598智能互动网站、APP（移动客户端）、供电服务微信公众号、数字电视媒体等。

4　符合、代号和缩略语

下列缩略语适用于本文件。

SC：服务渠道（Service Channel）

SI：服务项目（Service Item）

5　服务渠道设置标准

5.1　SC01/供电营业厅

供电营业厅是供电企业为客户办理用电业务需要而设置的固定

或流动的服务场所。本标准只给出固定地点营业厅的设置标准。

5.1.1　服务网络布设

5.1.1.1　供电营业厅的服务网络应覆盖公司的供电区域，其布设应综合考虑所服务的客户类型、客户数量、服务半径，以及当地客户的消费习惯，合理设置。

5.1.1.2　供电营业厅按A、B、C、D四级设置，其要求如下：

a) A级厅为地区中心营业厅，兼本地区供电营业厅服务人员的实训基地，设置于地级及以上城市，每个地区范围内最多只能设置1个；

b) B级厅为区县中心营业厅，设置于县级及以上城市，每个区县范围内最多只能设置1个；

c) C级厅为区县的非中心营业厅，可视当地服务需求，设置于城市区域、郊区，乡镇；

d) D级厅为单一功能收费厅或者自助营业厅，可视当地服务需求，设置于城市区域、郊区，乡镇。

5.1.1.3　供电营业厅应设置在交通方便、容易辨识的地方。

5.1.2　服务功能

5.1.2.1　供电营业厅的服务功能包括：①业务办理，②收费，③告示，④引导，⑤洽谈。其中：

a)“业务办理”指受理各类用电业务，包括客户新装、增容及变更用电申请，故障报修，校表，信息订阅，咨询、投诉、举报和建议，客户信息更新等；

b)“收费”指提供电费及各类营业费用的收取和账单服务，以及充值卡销售、表卡售换等；

c)“告示”指提供电价标准及依据、收费标准及依据、用电业务流程、服务项目、95598供电服务热线等各种服务信息公示，计划停电信息及重大服务事项公告，功能展示，以及公布岗位纪律、服务承诺、电力监管投诉举报电话等；

d）“引导”指根据客户的用电业务需要，将其引导至营业厅内相应的功能区；

e）“洽谈”指根据客户的用电需要，提供专业接洽服务。

5.1.2.2　服务功能的设置标准

a）各级供电营业厅应具备的服务功能如下：

1）A、B、C 级营业厅：第①～⑤项服务功能；

2）D 级营业厅：电费收取、发票打印，以及服务信息公示等服务功能。

b）各级供电营业厅要求的营业时间如下：

1）A、B 级营业厅实行无周休、无午休；

2）C 级营业厅、D 级营业厅（单一功能收费厅）可结合服务半径、营业户数、日均业务量等实际情况实行无周休制，如果周末遇当地赶集日、缴费高峰期应安排营业；

3）除自助营业厅外，其他各等级营业厅实行法定节假日不营业，但应至少提前 5 个工作日在营业厅公示法定节假日休息信息，并做好缴费提示，同步向 95598 报备。

5.1.3　服务方式

5.1.3.1　供电营业厅的服务方式包括：①面对面，②电话，③书面留言，④传真，⑤客户自助。

5.1.3.2　服务方式的设置标准

a）供电营业厅的服务方式应多样化。

b）各级供电营业厅应具备的服务方式如下：

1）A、B、C 级营业厅：第①～⑤种服务方式；

2）D 级营业厅（单一功能收费厅）：第①、③、⑤种服务方式。

c）D 级营业厅具备“客户自助”服务方式时，可视当地条件和客户需求，提供 24 小时服务。

5.1.4　服务人员

5.1.4.1　供电营业厅的服务人员包括：①营业厅主管，②业务受理员，③收费员，④引导员，⑤保安员，⑥保洁员。

5.1.4.2　服务人员的设置标准

a）供电营业厅的服务人员应经岗前培训合格，方能上岗工作。要求A级厅的第①～④类服务人员、B级厅第①类服务人员具备大专及以上学历，达到普通话水平测试三级及以上水平；

b）各级供电营业厅应配备的服务人员如下：

1）A级营业厅：第①～⑥类服务人员；

2）B级营业厅：第①～⑥类服务人员；

3）C级营业厅：第①～③，⑤类服务人员；

4）D级营业厅（单一功能收费厅）：第③、⑤类服务人员。

5.1.5　服务环境

5.1.5.1　供电营业厅的功能分区包括：①业务办理区，②收费区，③业务待办区，④展示区，⑤洽谈区，⑥引导区，⑦客户自助区。

5.1.5.2　服务环境的设置标准

a）供电营业厅的服务环境应具备统一的国家电网公司标识，符合《国家电网公司标识应用管理办法》《国家电网公司标识应用手册》的要求，整体风格应力求鲜明、统一、醒目；

b）各级供电营业厅应具备的功能分区如下：

1）A、B级营业厅：第①～⑦个功能区；

2）C级营业厅：第①～④个功能区；

3）D级营业厅：第②、③、④个功能区。

c）供电营业厅各功能分区的设置标准：

1）业务办理区：一般设置在面向大厅主要入口的位置，其受理台应为半开放式；

2）收费区：一般与业务办理区相邻，应采取相应的保安措施。

收费区地面应有一米线，遇客流量大时应设置引导护栏，合理疏导人流；

3）业务待办区：应配设与营业厅整体环境相协调且使用舒适的桌椅，配备客户书写台、宣传资料架、报刊架、饮水机、意见箱（簿）等。客户书写台上应有书写工具、登记表书写示范样本等；放置免费赠送的宣传资料；

4）展示区：通过宣传手册、广告展板、电子多媒体、实物展示等多种形式，向客户宣传科学用电知识，介绍服务功能和方式，公布岗位纪律、服务承诺、服务及投诉电话，公示、公告各类服务信息，展示节能设备、用电设施等；

5）洽谈区：一般为半封闭或全封闭的空间，应配设与营业厅整体环境相协调且使用舒适的桌椅，以及饮水机、宣传资料架等；

6）引导区：应设置在大厅入口旁，并配设排队机；

7）客户自助区：应配设相应的自助终端设施，包括触摸屏、多媒体查询设备、自助缴费终端等。

d）供电营业厅应整洁明亮、布局合理、舒适安全，做到“四净四无”，即“地面净、桌面净、墙面净、门面净；无灰尘、无纸屑、无杂物、无异味”。营业厅门前无垃圾、杂物，不随意张贴印刷品。

5.1.6　服务设施及用品

5.1.6.1　供电营业厅的服务设施及用品包括：

○1 营业厅门楣，○2 营业厅铭牌，○3 营业厅时间牌，○4 营业厅背景板，○5 防撞条，○6 时钟日历牌，○7“营业中”“休息中”标志牌，○8 95598 双面小型灯箱，○9 功能区指示牌，○10 禁烟标志，○11 营业人员岗位牌，○12“暂停服务”标志牌，○13 员工介绍栏，○14 展示牌，○15 意见箱（簿），○16 服务台（填单台）及书写工具，○17 登记表示范样本，○18 客户座椅，

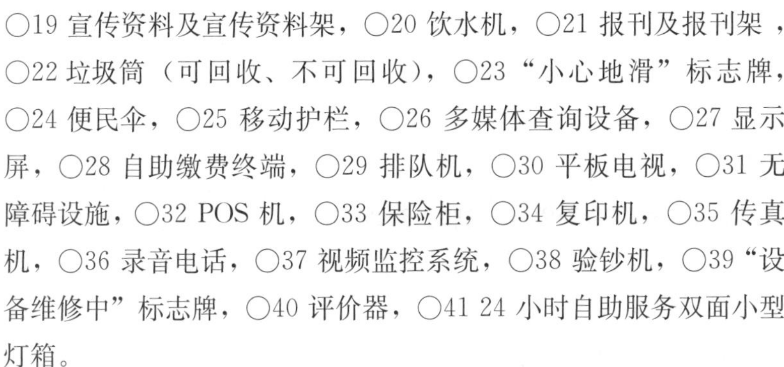
○19 宣传资料及宣传资料架，○20 饮水机，○21 报刊及报刊架，○22 垃圾筒（可回收、不可回收），○23“小心地滑”标志牌，○24 便民伞，○25 移动护栏，○26 多媒体查询设备，○27 显示屏，○28 自助缴费终端，○29 排队机，○30 平板电视，○31 无障碍设施，○32 POS 机，○33 保险柜，○34 复印机，○35 传真机，○36 录音电话，○37 视频监控系统，○38 验钞机，○39“设备维修中”标志牌，○40 评价器，○41 24 小时自助服务双面小型灯箱。

5.1.6.2　服务设施及用品的设置标准

a）各级供电营业厅应具备的服务设施及用品如下：

1）A 级营业厅：第○1 ～○41 项服务设施及用品；

2）B 级营业厅：第○1 ～○39 项服务设施及用品；

3）C 级营业厅：第○1 ～○27 ，○32 ～○39 项服务设施及用品；

4）D 级（单一功能收费厅）：第○1 ～○26 ，○32 ，○33 ，○36 ～○39 项服务设施及用品；

5）D 级（自助营业厅）：第○1 ，○5 ，○10 ，○23 ，○28 ，○37 ，○39 ，○41 项服务设施及用品。

b）所有服务设施及物品均应符合《国家电网公司标识应用管理办法》《国家电网公司标识应用手册》的要求；

c）各项设施及用品摆放整齐、清洁完好、适时消毒；

d）夜间应保证国家电网徽标及双面小型灯箱明亮易辨；

e）供电营业厅入口处应配有“营业中”或“休息中”标志牌，营业柜台应配有“暂停服务”标志牌；

f）功能区指示牌应醒目，必要时可设有中英文对照标识，少数民族地区应设有汉文和民族文字对应标识；

g）供客户操作使用的服务设施，如发生故障不能使用，应摆设“设备维修中”标志牌，并在 30 天内修复；

h）各营业厅应按照实际业务量设置相应的服务设施数量；

i）POS机应设立专用通信线；

j）服务专用录音电话录音至少保留三个月，并粘贴“服务专用”标签加以区别。

5.2 SC02/95598 供电服务热线

95598供电服务热线是供电企业为电力客户提供的7×24小时电话服务热线。

5.2.1 服务网络布设

95598供电服务热线由国家电网公司统一管理。

5.2.2 服务功能

95598供电服务热线应通过语音导航，向客户提供故障报修、咨询、投诉、举报、意见、建议和服务申请受理，停电信息公告，客户信息更新，信息订阅，并具备外呼功能。

5.2.3 服务方式

5.2.3.1 95598的服务方式包括：① 客户自助，② 人工通话，③ 短信，④ 录音留言，⑤传真。

5.2.3.2 服务方式的设置标准

a）95598供电服务热线应7×24小时人工受理客户故障报修；

b）对于第①、③～⑤种服务方式，95598供电服务热线应提供7×24小时不间断服务。

5.2.4 服务人员

5.2.4.1 95598客服代表包括：普通话客服代表、英语客服代表，并应根据客户需求设置民族语言客服代表。

5.2.4.2 95598客服代表应具备大专及以上学历，普通话达到普通话水平测试三级及以上水平，语言表达准确清晰，岗前培训合格。

5.2.5 服务环境

5.2.5.1 采用统一的引导语“×××，国家电网95598为您服务”。如“你用电，我用心，国家电网95598为您服务。”

5.2.5.2　客户话务等待时，应播放轻柔音乐。

5.2.5.3　自动语音导航分级菜单层次应控制在5层以内，每层菜单应设置“转人工”“返回上级”选项。按键设置标准为：人工服务，按“0”；返回上级菜单，按“＊”。

5.2.5.4　人工服务接通后，应播报“××号客服代表为您服务”。

5.2.5.5　语音导航播报时，如客户选择菜单功能键，自动终止播报，直接进入对应的服务；如客户未选择菜单功能键，则提示“您的输入有误，请重新输入”。

5.2.5.6　在没有后续操作时播报“结束服务请挂机”。

5.3　SC03/电子渠道

5.3.1　服务网络布设

5.3.1.1　95598智能互动网站由国网公司统一布设，APP（移动客户端）由国网公司统一规划设计，各省（自治区、直辖市）公司独立布设，供电服务微信公众号等渠道由国网客户服务中心和各省（自治区、直辖市）公司独立布设。

5.3.1.2　电子渠道应为客户提供7×24小时不间断自助服务。

5.3.2　服务功能

5.3.2.1　电子渠道的服务功能包括：①会员注册或服务开通，②宣传展现，③信息公告，④信息查询，⑤充值交费和账单服务，⑥业务受理，⑦新型业务，⑧服务监督。

a）会员注册或服务开通功能包括：用户登录、注册、用户编号绑定、留言、问卷调查、账户信息修改、信息推送；

b）宣传展现功能包括：业务介绍、服务支持和体验专区；

c）信息公告功能包括：停电信息查询、站内公告和营业网点查询；

d）信息查询功能包括：电费余额查询、业务办理进度、电量电费、费控余额、付款记录、购电记录、缴费记录、用户基本档案、实时电量查询；

e）充值交费和账单服务功能包括：电费缴纳、网上购电和电费充值；

f）业务受理功能包括：业务咨询、故障报修、新装增容及变更、信息订阅退阅；

g）新型业务功能包括：在线客服、电动汽车服务、增值服务、用能服务和智能用电服务；

h）服务监督功能包括：投诉、建议、表扬、意见和举报。

5.3.2.2 服务功能的设置标准

a）各类电子渠道应具备的服务功能如下：

1）95598 智能互动网站：①～⑧项服务功能；

2）APP（移动客户端）：①～⑧项服务功能；

3）供电服务微信公众号：①～⑤项服务功能。

b）除宣传展现和信息公告外，其他功能只对注册或开通服务用户开放；

c）电子渠道应提供办理各项业务的说明资料，95598 智能互动网站应提供相关表格以便于客户填写或下载；

d）电子渠道应提供导航服务，以方便客户使用。

5.3.3 服务方式

5.3.3.1 电子渠道的服务方式包括：① 客户自助，② 留言，③ 在线人工。

5.3.3.2 服务方式的设置标准

a）客户自助：应对客户进行身份验证，确保客户信息不外泄；自助缴费服务应确保客户资金安全；

b）留言：应对客户留言及回复进行归档，并使客户能查询到 6 个月内的信息；

c）在线人工：在需要排队的情况下，应告知客户排队情况，在进入人工服务后，电子客服代表平均响应时间应小于5秒。客户无诉求达30秒以上，方可退出人工服务。

5.3.4　服务人员

5.3.4.1　电子渠道应设电子客服代表受理相关业务。

5.3.4.2　电子客服代表应具备大专及以上学历，并经岗前培训合格。

5.3.5　服务环境

5.3.5.1　95598智能互动网站、APP（移动客户终端）的界面应符合《国家电网公司标识应用管理办法》《国家电网公司标识应用手册》的要求。

5.3.5.2　95598智能互动网站服务功能区域划分应科学合理、简洁明了、富人性化。页面制作要求直观，色彩明快，各服务功能分区要有明显色系区分。

5.4　SC04/客户现场

客户现场服务渠道是指供电企业服务人员到客户需求所在地进行服务的一种途径。

5.4.1　服务功能

5.4.1.1　功能类别

现场服务包括：处理新装、增容及变更用电，故障抢修，收缴电费，电能表检验，电能表换装，保供电，服务信息告知，专线客户停电协商，提供电费表单，及受理投诉、举报和建议等。

5.4.1.2　服务功能的设置标准

故障抢修应提供7×24小时不间断服务。其他服务功能一般在工作时间为客户提供。

5.4.2　服务方式

现场服务的方式包括：面对面、电话、短信。

5.4.3　服务人员

5.4.3.1　客户现场的服务人员包括：客户经理，现场勘查、中间检查及竣工验收、装表接电、检验检测、故障抢修、保供电、用电指导及催收人员等。

5.4.3.2　客户现场服务人员应经相应的岗前培训合格，方可上岗工作。

5.4.4　服务设施及用品

5.4.4.1　现场服务的设施及用品包括：① 警示牌；② 安全围栏等标志；③ 移动 POS 机；④移动作业终端；⑤电能表现场检验设备；⑥多媒体记录设备（包含摄像机、照相机、录音设备等）。

5.4.4.2　服务设施的设置标准

a）现场服务设施及用品应符合《国家电网公司标识应用管理办法》《国家电网公司标识应用手册》的要求；

b）在公共场所工作时，应有安全措施，悬挂施工单位标志、安全标志，并配有礼貌用语；在道路两旁工作时，应在恰当位置摆放醒目的警示牌。

5.5　SC05/银行及其他代办机构

银行及其他代办机构服务渠道是指供电企业委托银行、通信运营商及其他机构（以下统称代办机构），代为提供电费收取及相关服务的特定服务途径。

5.5.1　服务网络布设

应考虑与多家代办机构合作，以对供电企业自有营业厅形成延展补充。

5.5.2　服务功能

5.5.2.1　代办机构的服务功能主要包括：电费收取、欠费查询。

5.5.2.2　各代办机构的营业网点，应严格按照与供电企业签署的协议提供服务。

5.5.3　服务方式

5.5.3.1　代办机构的服务方式包括：面对面、客户自助。

5.5.3.2　代办机构应公布电费收取窗口的营业时间。

5.5.4　服务环境

代办机构营业网点应具有电力企业委托的经营权，并在营业窗口悬挂“供电企业委托授权”标志牌。

5.6　SC06/社区及其他渠道

社区服务渠道是供电企业利用居民社区服务网络向客户提供服务的一种途径。

5.6.1　服务网络布设

各供电企业应综合考虑供电区域内客户需求、现有服务网络的布设情况以及实际具备的服务能力等因素，合理布设社区服务点。

5.6.2　服务功能

包括：咨询，信息公告（停电信息公告、用电常识宣传等），电费催费通知送达，自助缴费（可选），受理客户的投诉、举报、意见和建议等。

5.6.3　服务方式

5.6.3.1　社区服务的方式包括：面对面、客户自助。

5.6.3.2　供电企业应明确到社区服务的时间，并提前向社区居民公告。

5.6.4　服务人员

5.6.4.1　社区服务可设置兼职或专职的社区服务员。

5.6.4.2　社区服务人员应具备电力行业相关知识。

5.6.5　服务设施及用品

5.6.5.1　社区服务的设施及用品包括：服务信息公告栏、宣传资料，自助缴费终端（可选）。

5.6.5.2　服务设施及用品应符合《国家电网公司标识应用管理办法》《国家电网公司标识应用手册》的要求。

6　服务项目设置标准

6.1　SI01/新装、增容、变更用电、分布式电源并网及市政代工服务

6.1.1　服务内容

供电企业根据客户提出的用电需求，统一受理客户的新装、增容、变更用电、分布式电源并网服务、市政代工业务。新装、增容业务包括：低压居民新装（增容）、低压非居民客户新装（增容）、高压客户新装（增容）、小区新装、低压批量新装、装表临时用电、无表临时用电新装等；变更用电包括：减容、暂停、暂换、迁址、移表、暂拆、过户、更名、分户、并户、销户、改压、改类、临时用电延期、临时用电终止。

6.1.2　服务人员

包括：业务受理员、95598客服代表、电子客服代表、客户经理、现场勘查人员、审图与验收人员、装表接电人员、收费员、用电检查人员等。

6.1.3　服务渠道

包括：供电营业厅、95598供电服务热线、电子渠道、客户现场、社区及其他渠道。

6.1.4　服务流程

6.1.4.1　SI01-01/新装、增容

本服务子项的流程为：由受理客户申请开始，经过现场勘查、确定供电方案、向客户收取有关营业费用、图纸审核、中间检查、竣工检验、签订供用电合同、装表接电（含采集终端安装）、客户资料归档和回访等流程环节，服务结束。

6.1.4.2　SI01-02/减容、暂换

本服务子项的流程为：由受理客户申请开始，经过现场勘查、确定供电方案、向客户收取有关营业费用、图纸审核、竣工检验、

签订供用电合同、装表接电、客户资料归档和回访等流程环节，服务结束。

6.1.4.3 SI01-03/减容恢复、暂换恢复

本服务子项的流程为：由受理客户申请开始，经过现场勘查、确定供电方案、图纸审核、竣工检验、签订供用电合同、装表接电、客户资料归档和回访等流程环节，服务结束。

6.1.4.4 SI01-04/暂停、暂拆

本服务子项的流程为：由受理客户申请开始，经过现场勘查、办理停电手续、现场拆表、设备封停、客户资料归档等流程环节，服务结束。

6.1.4.5 SI01-05/暂停恢复、复装

本服务子项的流程为：由受理客户申请开始，经过现场勘查、办理停电手续、向客户收取有关营业费用、现场暂拆恢复、装表接电、设备启封、客户资料归档等流程环节，服务结束。

6.1.4.6 SI01-06/过户、更名

本服务子项的流程为：由受理客户申请开始，经过现场勘查、签订供用电合同、客户资料归档等流程环节，服务结束。

6.1.4.7 SI01-07/销户

本服务子项的流程为：由受理客户申请开始，经过现场勘查、拆除采集终端或拆表停电、缴纳并结清相关费用、客户资料归档等流程环节，服务结束。

6.1.4.8 SI01-08/改类

本服务子项的流程为：由受理客户申请开始，经过现场勘查、签订供用电合同、装表接电、客户资料归档等流程环节，服务结束。

6.1.4.9 SI01-09/迁址、移表、分户、并户、改压

本服务子项的流程为：由受理客户申请开始，经过现场勘查、确定供电方案、向客户收取有关营业费用、图纸审核、中间检查、

竣工检验、签订供用电合同、装（换）表接电（含采集终端装拆）、客户资料归档和回访等流程环节，服务结束。

6.1.4.10 SI01-10/临时用电延期

本服务子项的流程为：由受理客户申请开始，经过现场勘查、向客户收取有关营业费用、签订供用电合同、客户资料归档及回访等流程环节，服务结束。

6.1.4.11 SI01-11/临时用电终止

本服务子项的流程为：由受理客户申请开始，经过现场勘查、与客户结清有关费用、终止供用电合同、客户资料归档等流程环节，服务结束。

6.1.4.12 SI01-12/分布式电源并网服务

本服务子项的流程为：由受理客户申请开始，经过现场勘查、接入系统方案制定与审查、答复接入系统方案、图纸审核、计量装置安装、签订合同、并网验收与调试、客户资料归档和回访等流程环节，服务结束。

6.1.4.13 SI01-13/市政代工

本服务子项的流程为：由受理市政部门申请开始，经过现场勘查、审批，跟踪供电工程进度，组织图纸审查、中间检查、竣工验收、资料归档等流程环节结束服务。

6.2 SI02/故障抢修服务

6.2.1 服务内容

供电企业受理客户对供电企业产权范围内的供电设施故障报修后，到达现场进行故障处理、恢复供电的服务。

6.2.2 服务人员

包括：业务受理员、95598客服代表、故障报修处理人员。

6.2.3 服务渠道

包括：供电营业厅、95598供电服务热线、客户现场。

6.2.4　服务流程

本服务项目的流程为：由受理客户故障报修开始，经过接单派工、故障处理、抢修结果回访、资料归档等流程环节，服务结束。

6.3　SI03/咨询服务

6.3.1　服务内容

供电企业为客户提供电价电费、停送电信息、供电服务信息、用电业务、业务收费、客户资料、计量装置、法律法规、服务规范、电动汽车、能效服务、用电技术及常识等内容的咨询服务。

6.3.2　服务人员

包括：95598 客服代表、业务受理员、电子客服代表、业务处理人员。

6.3.3　服务渠道

包括：95598 供电服务热线、供电营业厅、电子渠道、客户现场、社区及其他渠道。

6.3.4　服务流程

本服务项目的流程为：由受理客户咨询申请开始，经过核实客户信息、处理客户申请、回复客户结果、办结归档等流程环节，服务结束。

6.4　SI04/投诉、举报、意见和建议受理服务

6.4.1　服务内容

供电企业受理客户的投诉、举报、意见和建议，按规定向客户回复处理结果。

6.4.2　服务人员

包括：95598 客服代表、业务受理员、电子客服代表、业务处理人员。

6.4.3　服务渠道

包括：95598 供电服务热线、供电营业厅、电子渠道、社区及其他渠道、客户现场。

6.4.4 服务流程

6.4.4.1 SI04-01/投诉

本服务子项的流程为：由受理客户投诉开始，经过联系客户，调查处理，应客户要求回复回访，办结归档等流程环节，服务结束。

6.4.4.2 SI04-02/举报

本服务子项的流程为：由受理客户举报开始，经过调查处理，应客户要求回复回访，办结归档等流程环节，服务结束。

6.4.4.3 SI04-03/建议

本服务子项的流程为：由受理客户建议开始，经过调查研究，回复回访，办结归档等流程环节，服务结束。

6.4.4.4 SI04-04/意见

本服务子项的流程为：由受理客户意见开始，经过调查处理，回复回访，办结归档等流程环节，服务结束。

6.5 SI05 服务申请

6.5.1 服务内容

供电企业受理客户的欠费复电登记、电器损坏核损、电能表异常、抄表数据异常、居民客户报装等服务申请，按规定向客户回复处理结果。

6.5.2 服务人员

包括：95598客服代表、业务受理员、电子客服代表、业务处理人员。

6.5.3 服务渠道

包括：95598供电服务热线、供电营业厅、电子渠道、客户现场、社区及其他渠道。

6.5.4 服务流程

本服务项目的流程为：由受理客户服务申请开始，经过核实处理、回复回访、办结归档等流程环节，服务结束。

6.6 SI06/客户信息更新服务

6.6.1 服务内容

供电企业为客户提供联系方式、业务密码等客户信息更新的服务。

6.6.2 服务人员

包括：业务受理员、95598客服代表、电子客服代表。

6.6.3 服务渠道

包括：供电营业厅、95598供电服务热线、电子渠道、社区及其他渠道、客户现场。

6.6.4 服务流程

本服务项目的流程为：由受理客户信息更新申请开始，经过验证客户身份、客户提供资料、信息更新、资料归档等流程环节，服务结束。

6.7 SI07/交费服务

6.7.1 服务内容

供电企业向客户提供坐收、代收、代扣、充值卡交费、走收、自助交费、网络交费等多种方式的交费服务。

6.7.2 服务人员

包括：涉及电费收取的工作人员。

6.7.3 服务渠道

包括：供电营业厅、95598供电服务热线、电子渠道、银行及其他代办机构、客户现场、社区及其他渠道。

6.7.4 服务流程

6.7.4.1 SI07-01/坐收

本服务子项的流程为：由供电营业厅受理客户的交费申请开始，经过查找客户应收电费信息、收取费用、开具交费凭证等流程环节，服务结束。

6.7.4.2　SI07-02/走收

本服务子项的流程为：由生成并领取走收电费票据开始，经过供电企业服务人员到收费地点收取费用、交付收费凭证、银行交款与销账，票据交接等流程环节，服务结束。

6.7.4.3　SI07-03/充值卡交费

本服务子项的流程为：由客户拨打95598供电服务热线，要求对充值卡进行充值开始，通过验证客户号、校验客户提供的卡号和密码、进行充值、告知扣款信息及账户余额等流程环节，服务结束。

6.8　SI08/账单服务

6.8.1　服务内容

供电企业通过发放、邮寄等方式向客户提供电费票据和账单的服务。

6.8.2　服务人员

包括：涉及票据或账单的工作人员。

6.8.3　服务渠道

包括：供电营业厅、客户现场、银行及其他代办机构。

6.8.4　服务流程

6.8.4.1　SI08-01/电费票据和账单发放

本服务子项的流程为：由供电营业厅或银行及其他代办机构受理客户要求、提供电费票据或账单的申请开始，经过验证客户身份、开具票据或账单给客户等流程环节，服务结束。

6.8.4.2　SI08-02/账单寄送

本服务子项的流程为：由供电营业厅受理客户寄送账单申请开始，经过验证客户身份、办理账单寄送给客户等流程环节，服务结束。

6.9　SI09/客户欠费停电告知服务

6.9.1　服务内容

供电企业通过电话、邮寄、送单、短信等方式，告知客户欠费停电信息，提醒客户及时缴纳电费的服务。

6.9.2 服务人员

包括：催费人员。

6.9.3 服务渠道

包括：客户现场、95598 供电服务热线、电子渠道、社区及其他渠道。

6.9.4 服务流程

本服务项目的流程为：由获知客户欠费信息开始，经过发送欠费停电通知单、告知客户欠费停电信息等环节，服务结束。

6.10 SI10/客户校表服务

6.10.1 服务内容

供电企业受理客户校表的需求，为客户提供电能计量装置检验的服务。

6.10.2 服务人员

包括：业务受理员、95598 客服代表、检测检验人员。

6.10.3 服务渠道

包括：供电营业厅、95598 供电服务热线、客户现场。

6.10.4 服务流程

本服务项目的流程为：由受理客户的校验申请开始，经过收取相关费用、预约上门时间、电能计量装置检验、发放检测结果、检测结果处理等流程环节，服务结束。

6.11 SI11/信息公告服务

6.11.1 服务内容

供电企业向客户提供用电政策法规、供电服务承诺、电价、收费标准、用电业务流程、计划停电、新服务项目介绍等信息的服务。

6.11.2 服务人员

包括：营业厅主管、95598 客服代表、电子客服代表、社区服务员及发布信息的其他人员。

6.11.3 服务渠道

包括：供电营业厅、95598 供电服务热线、电子渠道、社区及其他渠道。

6.11.4 服务流程

本服务项目的流程为：由收集信息发布内容开始，经过内容审核、发布方式制定、信息公告等流程环节，服务结束。

6.12 SI12/重要客户停限电告知服务

6.12.1 服务内容

供电企业向重要客户提供计划、临时、事故停限电信息，以及供电可靠性预警的服务。

6.12.2 服务人员

包括：停限电计划制定人员、用电检查人员、95598 客服代表及发布信息的其他人员。

6.12.3 服务渠道

包括：客户现场、95598 供电服务热线、社区及其他渠道。

6.12.4 服务流程

本服务项目的流程为：由供电企业制定停限电计划开始，经过计划、临时、事故停限电及供电可靠性预警信息告知重要客户、进行相关记录、资料存档等流程环节，服务结束。

6.13 SI13/高压客户电能表换装告知服务

6.13.1 服务内容

供电企业向高压客户提供的表计轮换相关信息告知服务。

6.13.2 服务人员

包括：装表接电人员。

6.13.3 服务渠道

包括：客户现场。

6.13.4 服务流程

本服务项目的流程为：由制定电能表换装计划开始，经过与客户预约时间、客户现场换装电能表、与客户共同确认电能表指示数等流程环节，服务结束。

6.14　SI14/低压客户电能表换装服务

6.14.1　服务内容

供电企业向低压客户提供的表计换装服务。

6.14.2　服务人员

包括：装表接电人员。

6.14.3　服务渠道

包括：客户现场。

6.14.4　服务流程

本服务项目的流程为：由供电企业制定表计换装计划开始，于换装现场进行公告，换装电能表前对装在现场的原电能表进行底度拍照，现场换装电能表，表户复核，底度公告，服务结束。

6.15　SI15/专线客户停电协商服务

6.15.1　服务内容

供电企业提供的与专线客户协商计划停电时间的服务。

6.15.2　服务人员

包括：停电协商人员。

6.15.3　服务渠道

包括：客户现场。

6.15.4　服务流程

本服务项目的流程为：由供电企业预制定停电计划开始，经过与客户协商、按照协商结果确定停电计划等流程环节，服务结束。

6.16　SI16/保供电服务

6.16.1　服务内容

供电企业针对客户需求，对涉及政治、经济、文化等有重大影响的活动提供保电的服务。

6.16.2 服务人员

包括：保供电人员。

6.16.3 服务渠道

包括：客户现场。

6.16.4 服务流程

本服务项目的流程为：由供电企业受理客户保供电需求开始，经过制定保供电方案、专项用电检查、指导客户进行整改、保供电设施准备、保供电人员和设施按时到位，直至保电服务结束。

6.17 SI17/信息订阅服务

6.17.1 服务内容

供电企业以短信、微信等方式，向客户提供电费、停电等信息订阅的服务。

6.17.2 服务人员

包括：业务受理员、95598 客服代表、电子客服代表。

6.17.3 服务渠道

包括：供电营业厅、95598 供电服务热线、电子渠道。

6.17.4 服务流程

信息订阅服务项目包括 2 个服务子项：

6.17.4.1 SI17-01/订阅

本服务子项的流程为：由受理客户的订阅申请开始，经过验证客户身份、告知订阅事项、办理订阅、发送确认订阅信息等流程环节，服务结束。

6.17.4.2 SI17-02/退订

本服务子项的流程为：由受理客户的退订申请开始，经过验证客户身份、办理退订、发送确认退订信息等流程环节，服务结束。

附 录 A
（资料性附录）
供电客户服务的概念和定义

A.1 供电客户服务的概念与定义

统一的概念和术语定义是开展标准化建设工作的基础。本次明确了供电客户服务构成要素，介绍了 28 个术语，厘清供电客户服务的理论模糊区，进一步明晰相关概念，统一了相关语汇表达，指出供电服务由供电产品服务和供电客户服务共同组成，而客户服务工作需要借助服务渠道提供特定的服务项目来满足客户需求。

A.1.1 供电客户服务的构成要素

供电客户服务工作要坚持以客户为中心，以需求为导向，充分满足客户现实和潜在的用电需求。

A.1.1.1 客户服务工作的基础是合格的电能产品，电能产品质量的好坏并不取决于客户服务工作，而是由电能产品的生产和传输环节所决定的。

A.1.1.2 客户服务工作必须遵循国家、行业和企业的相关服务标准和规范，在允许和要求的范围之内开展。

A.1.1.3 客户服务工作由特定的服务提供者来完成，提供者包括与客户有直接接触的前台工作人员，以及为前台工作人员提供支持、参与客户服务工作过程的后台工作人员。

A.1.1.4 客户服务工作需要借助服务渠道提供特定的客户服务项目来满足客户需求。

A.1.1.5 客户服务工作须坚持持续改进原则。针对服务项目和服务渠道进行监测，采用科学的评价方法和手段，发现问题，制定措施，不断改进客户服务工作，提升服务质量和客户满意度。

A.1.2 相关术语定义

本次根据供电企业通行业务模式，梳理归纳 28 个名词术语的定义，作为研究的理论基础，分为通用术语、服务业基础术语、供电客户服务相关术语三类。其中，“通用术语”和“服务业基础术语”引用自 GB/T 19000—2000、GB/T 15624—2003、SB/T 10382—2004 等标准文件；“供电客户服务相关术语”则是由营销服务专家参考各相关标准文件后，根据工作实践进行定义的。

A. 1. 2. 1 通用术语

a）标准

为在一定的范围内获得最佳秩序，经协商一致制定并由公认机构批准，共同使用的和重复使用的一种信息化文件。

注：标准宜以科学、技术和经验的综合成果，以及经过验证正确的信息数据为基础，以促进最佳的共同经济效率和经济效益为目的。

b）标准化

为在一定范围内获得最佳秩序，对现实问题或潜在问题制定共同使用和重复使用的条款的活动。

注：包括制定、发布及实施标准的过程。标准化的重要意义是改进产品、过程和服务的适用性，防止贸易壁垒，促进技术合作。

c）规范

对于某一工程作业或者行为进行定性的信息规定。

注：规范是指由群体确立的行为要求，可以由组织正式规定，也可以是非正式形成；因为无法精准定量地形成标准，所以被称为规范。

A. 1. 2. 2 服务业基础术语

a）接触

组织根据顾客的需要与其建立和保持联系的活动。

注：在接触活动中，组织和顾客可能由双方的人员或物品来代表。

b）接触点

组织与顾客接触时的位置。

注：服务人员与顾客接触的位置，称有人接触点。服务设施与顾客接触的位置，称无人接触点。

c）接触过程

一组同时或先后发生的具有连续性的接触活动。

注：接触过程通常包含着服务提供之前、服务提供之中、服务提供之后三个阶段。

d）服务

存在于接触过程之中，是满足顾客要求的接触活动及内部活动共同产生的结果。

注1：过程与结果是同时发生的，一旦过程结束其结果也就随之消失。

注2：同时性、无形性、非重复性、非储存性、非运输性构成了服务不同于有形产品的基本特征。

注3：有形产品的提供和使用可能成为服务的一部分。

e）服务资源

为顾客提供服务的人力资源和物质资源的总和。

注：人力资源指服务人员、物质资源指服务设施、服务用品和服务环境。

f）服务提供

将服务资源的输入转化为服务输出的接触活动及内部活动的总和。

注：服务和服务提供是接触过程的两个方面，前者是过程的结果。

g）服务特性

接触过程中提供的，可以使顾客观察体验并加以评价的有形或无形特性。

注1：有形特性指服务人员、服务设施、服务用品、服务环境

等服务资源的固有特性。

注2：无形特性指服务范围、服务程序、服务技巧、服务礼仪等服务活动的固有特性。

h）服务质量

一组同时或先后发生的服务特性逐个满足顾客要求的程度。

注：服务与有形产品的区别使服务特性无法像有形产品特性那样固化在一个物质实体上面，而是分解为许多无法集中控制的有形或无形特性。对这些服务特性的逐个控制就成为控制服务质量的关键。

i）服务规范

描述服务提供过程得到的结果所应满足的特性要求。

j）服务标准

规定服务满足的要求以确保其适用性的标准。

k）客户满意度

客户在接受某一服务时，实际感知的服务与预期得到的服务的差值。

l）服务标准化

以服务活动和结果作为标准化对象，规定服务应满足的要求以确保其适用性，其研究范围包括国民经济行业中的全部服务领域。它包括制定、发布及实施标准的过程。

m）服务质量指标

反映企业服务固有特性满足要求程度的，用于量化测评企业服务质量的一组指标。

n）服务评价指标

对应于服务质量指标设定的目标值，用于衡量服务质量是否达到目标的一系列指标。

A.1.2.3　供电客户服务相关术语

a）客户

可能或已经与供电企业建立供用电关系的组织或个人。

b）供电服务

服务提供者遵循一定的标准和规范，以特定方式和手段，提供合格的电能产品和满意的服务来实现客户现实或者潜在的用电需求的活动过程。供电服务包括供电产品提供和供电客户服务。

c）供电客户服务

电力供应过程中，企业为满足客户获得和使用电力产品的各种相关需求的一系列活动的总称。简称“客户服务”。

d）供电客户服务渠道

供电企业与客户进行交互、提供服务的具体途径。简称“服务渠道”。

e）供电客户服务项目

供电企业针对明确的服务对象，由服务提供者通过具体的服务渠道，在一定周期内按照规范的服务流程和内容提供的一系列服务活动。简称“服务项目”。

f）客户体验轨迹

客户在一个服务渠道中所感知的被服务的有序过程的总称。该轨迹包括未入渠道、进入渠道、等待服务、接受服务、结束服务、离开渠道六个阶段。

g）服务流程

为实现服务项目的标准提供，以客户要求服务为触发点，以客户需求得到满足为结束，描述各环节服务提供者在提供一系列服务活动时必须遵循的有序程序。

h）服务接触点

在供电客户服务过程中，供电企业为满足客户的某项用电需求，通过一个或多个服务渠道向客户提供某个服务项目时，与客户进行交互的时刻及位置。

i）供电客户服务提供标准

供电企业实现客户服务的过程中，向客户提供的各项服务资源的基本配置要求，包括服务功能、服务环境、服务方式、服务人员、服务流程、服务设施及用品等。简称“客户服务提供标准”。

j）供电客户服务质量标准

供电企业对所提供的服务活动和结果应满足客户用电需求的程度，而规定的质量目标及相应的各项质量指标。简称“客户服务质量标准”。

k）供电客户服务品质内部评价

供电企业为衡量所提供的服务是否达到质量标准要求，以及评测服务品质水平，而自行组织实施的评价工作。简称“客户服务品质内部评价”。

A.2 服务渠道和服务项目编号规则

A.2.1 服务渠道编号样式：SC××

SC代表服务渠道，摘自“Service Channels（服务渠道）”这两个英文单词的首个字母。

×代表阿拉伯数字，从01开始，按个位递增，以01、02的次序进行编号。

A.2.2 服务项目编号样式：SI××-××

SI代表服务项目，摘自“Service Item（服务项目）”这两个英文单词的首个字母。

×代表阿拉伯数字，从01开始，按个位递增，以01、02的次序进行编号。不同区间的××分别代表服务项目项、服务项目子项。

A.3 服务渠道的提供要素说明

A.3.1 服务网络布设：指服务渠道网点布设和场所选址的要求，服务网络应畅通，易于客户进入。应“从方便客户出发，合理设置供电服务营业网点或满足基本业务需要的代办点，并保证服务质量”（引自《供电服务规范》）。

A. 3. 2　服务功能：指服务渠道应具备的服务项目和作用，服务功能应齐全。

A. 3. 3　服务方式：指服务渠道应具备的服务实现方式，服务方式应正确、多样。

A. 3. 4　服务人员：指服务渠道应具备的服务提供者，各服务渠道的服务人员为“前台”服务员工。服务人员应充足、明确。

A. 3. 5　服务环境：指服务渠道周围所在的情况和条件，包括视觉环境、听觉环境和网络虚拟环境等。服务环境应舒适、标识统一。

A. 3. 6　服务设施及用品：指服务渠道应具备的可供客户使用的，或对客户进行引导、公告，及提供便利的设备、建筑及物品。服务设施及用品应完好、方便客户使用。

A. 4　服务项目的提供要素说明

A. 4. 1　服务内容：指供电企业为很好地满足客户的某项用电需求，需要完成的一系列工作事项。

A. 4. 2　服务人员：应为从事营销服务的人员，包括“前台”和“后台”服务员工。

A. 4. 3　服务渠道：指各服务项目涉及的具体服务渠道，即为各流程环节所在的服务渠道。

A. 4. 4　服务流程：指客户和供电企业接触提出服务请求开始，直到服务请求被满足的一个完整过程，其显著特性为“以客户服务为核心，直接和客户相关”。

A. 4. 4. 1　在客户服务标准化建设研究中，主要通过分析服务流程环节，识别服务过程中影响服务质量的关键接触点，明确质量控制活动的重点，从而设计质量指标、提出服务行为规范，并据此进行服务质量监管和服务品质内部评价。即基于服务流程开展对客户服务质量标准的研究，包括客户服务质量标准、基本规范、品质内部评价。

A. 4. 4. 2 梳理服务流程主要有以下作用：

a）促使企业全面、深入、准确地了解所提供的客户服务，有针对性地设计服务过程，更好地满足客户的需要。

b）有助于企业建立完善的服务操作程序，明确服务职责，有针对性地开展员工的培训工作。

c）有助于理解服务体系中各方面的角色和作用，增进提供服务过程中的协调性。

注：服务体系包括服务提供方、服务接受方、两者间的接触活动，以及服务提供方为更好地接触而设置的服务资源和内部活动。

d）有利于供电企业有效地引导客户参与服务过程并发挥积极作用，明确质量控制活动的重点，使服务提供过程更合理。

e）有助于识别服务提供过程中的失败点和薄弱环节，改进服务质量。

A. 4. 4. 3 梳理服务流程遵循以下原则：

a）针对明确的服务项目，按照已存在的具体的服务过程进行梳理。不同的服务过程，存在不同的服务流程。

b）要从客户的角度来描述服务提供过程，说明客户是如何体验该项服务的。本次研究主要着眼于从客户的角度诠释业务流程。

c）必须具备明确的服务提供者（包括前台和后台服务员工），通过哪些渠道，以何种方式向客户提供服务。

d）同一个服务项目，因其服务内容或服务方式的不同，存在着不同服务过程，因此一个服务项目可能存在多个服务流程。

附录六

国家电网公司供电服务奖惩规定

（2014 年 12 月 15 日）

第一章　总　　则

第一条　为进一步强化服务意识，规范员工服务行为，依据《国家电网公司员工奖惩规定》等有关规章制度，结合国家电网公司（以下简称“公司”）供电服务工作实际，制定本规定。

第二条　本规定所称供电服务，是指遵循行业标准或按照合同约定，提供合格的电能产品和规范的服务，实现客户用电需求的过程。

第三条　供电服务奖惩坚持管专业必须管服务、奖惩并举和专业管理与分级负责相结合的原则。

第四条　本规定适用于公司总部（分部）及公司所属各级单位供电服务管理工作。

第二章　职 责 分 工

第五条　公司和各级单位成立供电服务奖惩工作小组，在本单位员工奖惩领导小组的领导下开展工作。日常管理工作由本单位营销部牵头负责。

第六条　公司供电服务奖惩工作小组成员由国网办公厅、发展部、安质部、运检部、营销部、信通部、外联部、法律部、人事部、人资部、监察局、工会、国调中心、交易中心等有关部门负责人组成。

第七条　公司供电服务奖惩工作小组负责制定公司供电服务奖

惩管理制度；组织开展供电服务表彰奖励工作；组织相关部门开展特别重大、重大供电服务质量事件调查等工作；向公司员工奖惩工作领导小组提交奖惩建议。

第八条　各级单位供电服务奖惩工作小组负责配合公司供电服务奖惩工作小组开展工作；执行公司供电服务奖惩管理制度；开展本单位表彰奖励工作；组织开展较大、一般供电服务质量事件调查工作；开展供电服务质量事件认定、信息报送工作，并提出惩处建议；开展本单位供电服务过错管理。

第九条　公司各相关部门按照职责分工，负责提出本专业表彰奖励建议；参加供电服务质量事件调查并提出惩处建议。

第三章　奖　　励

第十条　公司、各省电力公司、国网客服中心每两年组织开展一次供电服务评选表彰奖励活动，表彰奖励在供电服务中做出突出贡献的先进单位和先进个人。表彰奖励评选程序执行《国家电网公司表彰奖励工作管理办法》。

第十一条　表彰奖励包括授予荣誉称号和物质奖励。

（一）供电服务先进单位授予“供电服务明星单位”荣誉称号；供电服务先进个人授予“十佳服务之星”“优秀服务之星”“服务之星”荣誉称号。

（二）对受到表彰的先进单位，原则上不进行物质奖励，只颁发奖牌、奖状或锦旗等。

（三）对受到表彰的先进个人，奖励执行《国家电网公司表彰奖励工作管理办法》。

第十二条　表彰奖励重点向服务责任大、风险高、业绩突出的单位、部门及供电服务一线人员倾斜，供电服务一线人员表彰奖励名额所占比例一般不少于75%。

第十三条　供电服务纳入各级单位全员绩效考核，并按照责任大小、贡献高低等因素，在绩效考核中给予加分奖励，兑现绩效奖金。

第四章　惩　　处

第十四条　对发生供电服务质量事件和供电服务过错的责任单位、部门、班组、责任人予以惩处（明细见附件1）。

第十五条　供电服务责任人为中国共产党党员，发生违规违纪行为，除执行本规定外，由所在党组织按照党内有关规定处理。

第十六条　供电服务过程中发现涉嫌违法犯罪情节的，将移交司法机关处理。

第一节　供电服务质量事件

第十七条　本规定所称供电服务质量事件，是指供电服务过程中，未遵守有关规定、规范及技术、服务标准，给客户、企业造成重大损失，损害公司品牌形象，造成不良影响的事件。

第十八条　供电服务质量事件根据危害程度和影响范围分为四级：特别重大、重大、较大和一般供电服务质量事件。

（一）特别重大供电服务质量事件

1. 国家部委有关部门（单位）查实属供电部门主观责任，并被国家部委有关部门（单位）行政处罚的供电服务质量事件。

2. 中央或全国性新闻媒体、主要门户网站等曝光属供电部门主观责任并产生重大负面影响的供电服务质量事件。

3. 给客户或企业造成50万元及以上直接经济损失。

4. 公司认定的其他特别重大供电服务质量事件。

（二）重大供电服务质量事件

1. 省级政府有关部门（单位）查实属供电部门主观责任，并被省级政府有关部门（单位）行政处罚的供电服务质量事件。

2. 省级新闻媒体等曝光属供电部门主观责任并产生重大负面影响的供电服务质量事件。

3. 给客户或企业造成 20 万元及以上 50 万元以下直接经济损失。

4. 公司认定的其他重大供电服务质量事件。

（三）较大供电服务质量事件

1. 地市级政府有关部门（单位）查实属供电部门主观责任，并被地市级政府有关部门（单位）行政处罚的供电服务质量事件。

2. 省会城市、副省级城市媒体等曝光属供电部门主观责任并产生较大负面影响的供电服务质量事件。

3. 给客户或企业造成 10 万元及以上 20 万元以下直接经济损失。

4. 公司认定的其他较大供电服务质量事件。

（四）一般供电服务质量事件

1. 县级政府有关部门（单位）查实属供电部门主观责任，并被县级政府有关部门（单位）行政处罚的供电服务质量事件。

2. 地市级新闻媒体等曝光属供电部门主观责任并产生一定负面影响的供电服务质量事件。

3. 给客户或企业造成 5 万元及以上 10 万元以下直接经济损失。

4. 公司认定的其他一般供电服务质量事件。

第十九条 发生供电服务质量事件，对企业负责人考核参照《国家电网公司企业负责人年度业绩考核管理办法》标准。

第二十条 发生供电服务质量事件，对各级单位责任人予以纪律处分、经济处罚和组织处理，三种惩处方式可以单独运用，也可以同时运用。

（一）发生特别重大供电服务质量事件，对责任人按以下规定处理：

1. 对责任单位上级单位主要领导、有关分管领导予以警告至记过处分；予以通报批评或调整岗位处理。

2. 对责任单位上级有关部门负责人予以警告至记大过处分；予以通报批评、调整岗位或待岗处理。

3. 对责任单位主要负责人、有关分管负责人予以警告至降级（降职）处分；予以诫勉谈话、通报批评、调整岗位或待岗处理。

4. 对部门、班组级负责人予以警告至留用察看处分；予以通报批评、调整岗位、待岗或停职（检查）处理。

5. 对主要责任人予以记大过至解除劳动合同处分；予以待岗、停职（检查）或责令辞职处理。

6. 对次要责任人予以警告至留用察看处分；予以通报批评、调整岗位、待岗或停职（检查）处理。

7. 对上述责任人予以5000～30000元的经济处罚。

（二）发生重大供电服务质量事件，对责任人按以下规定处理：

1. 对责任单位上级单位主要领导、有关分管领导予以警告处分；予以通报批评处理。

2. 对责任单位上级有关部门负责人予以警告至记过处分；予以通报批评或调整岗位处理。

3. 对责任单位主要负责人、有关分管负责人予以警告至记大过处分；予以通报批评、调整岗位或待岗处理。

4. 对部门、班组级负责人予以警告至撤职处分；予以通报批评、调整岗位、待岗或停职（检查）处理。

5. 对主要责任人予以记过至留用察看处分；予以调整岗位、待岗、停职（检查）或责令辞职处理。

6. 对次要责任人予以警告至撤职处分；予以通报批评、调整岗位、待岗或停职（检查）处理。

7. 对上述责任人予以3000～20000元的经济处罚。

（三）发生较大供电服务质量事件，对责任人按以下规定处理：

1. 对责任单位上级有关部门负责人予以通报批评。

2. 对责任单位主要负责人、有关分管负责人予以警告至记过处分；予以通报批评或调整岗位处理。

3. 对部门、班组级负责人予以警告至记大过处分；予以通报批评、调整岗位或待岗处理。

4. 对主要责任人予警告至撤职处分；予以调整岗位、待岗或停职（检查）处理。

5. 对次要责任人予以警告至记大过处分；予以通报批评、调整岗位或待岗处理。

6. 对上述责任人予以 2000～10000 元的经济处罚。

（四）发生一般供电服务质量事件，对责任人按以下规定处理：

1. 对责任单位上级有关部门负责人予以通报批评。

2. 对责任单位主要负责人、有关分管负责人予以警告处分；予以通报批评处理。

3. 对部门、班组级负责人予以警告至记过处分；予以通报批评或调整岗位处理。

4. 对主要责任人予以警告至降级（降职）处分；予以通报批评、调整岗位或待岗处理。

5. 对次要责任人予以警告至记过处分；予以通报批评或调整岗位处理。

6. 对上述责任人予以 1000～5000 元的经济处罚。

第二十一条　各级单位供电服务奖惩工作小组应及时上报供电服务质量事件发生的时间、地点、范围、对用电客户的影响和已经采取的措施等信息，并于 4 小时内报送至公司供电服务奖惩工作小组。

第二十二条　特别重大、重大供电服务质量事件由公司供电服务奖惩工作小组认定，并提出惩处建议；较大、一般供电服务质量事件由省公司级单位供电服务奖惩工作小组认定，并提出惩处建议。

公司和省公司级单位供电服务奖惩工作小组提出惩处建议后，

报同级别员工奖惩工作领导小组审定，由员工奖惩工作办公室执行。

公司供电服务奖惩工作小组对省公司级单位认定结果存在异议的，可根据实际重新认定。

第二十三条　对供电服务质量事件隐瞒不报、善后处置不当，造成事件升级的责任单位和相关人员，按照本规定相关条款上限从重惩处，对导致事件升级的单位（部门）主要负责人按事件主要责任人予以惩处。

第二十四条　因电网、设备事故（事件）引发停电的非供电服务质量事件，按照《国家电网公司安全事故调查规程》和《国家电网公司质量事件调查处理暂行办法》进行事故等级认定，并依据《国家电网公司安全工作奖惩规定》予以惩处。

第二节　供电服务过错

第二十五条　本规定所称供电服务过错，是指经查实因员工未履行岗位职责或履职不当，造成客户利益受损或不良感知，但未构成供电服务质量事件的供电服务行为。

第二十六条　供电服务过错根据问题性质和影响程度分为三类：一类过错、二类过错和三类过错。

（一）一类过错

情节严重，长期存在，给客户造成1万元及以上5万元以下直接经济损失，或给企业形象造成较大影响的供电服务过错。

（二）二类过错

情节较重，频繁发生，给客户造成1万元以下直接经济损失，或在一定范围内给企业形象造成不良影响的供电服务过错。

（三）三类过错

情节较轻，偶尔发生，未造成不良影响的供电服务过错。

第二十七条　发生供电服务过错，惩处可采取经济处罚或者组织处理。

（一）发生一类过错，对责任人按以下规定处理：

1. 对责任单位上级有关部门负责人予以通报批评。

2. 对责任单位主要负责人、有关分管负责人予以通报批评。

3. 对部门、班组级负责人予以通报批评、调整岗位或待岗。

4. 对主要责任人予以通报批评、调整岗位或待岗。

5. 对次要责任人予以通报批评或调整岗位。

6. 对上述责任人予以 500～3000 元经济处罚。

（二）发生二类过错，对责任人按以下规定处理：

1. 对主要责任人予以通报批评、调整岗位或待岗。

2. 对次要责任人予以通报批评或调整岗位。

3. 对上述责任人予以 100～2000 元经济处罚。

（三）发生三类过错，对责任人按以下规定处理：

1. 对主要责任人予以通报批评或调整岗位。

2. 对次要责任人予以通报批评。

3. 对上述责任人予以 1000 元以下经济处罚。

第二十八条 同一供电服务过程中涉及多项供电服务过错的，按所适用的最高供电服务过错等级标准惩处。

第五章 附 则

第二十九条 本规定由公司供电服务奖惩工作小组负责解释。

第三十条 本规定自 2014 年 10 月 1 日起施行。

附件：1. 供电服务质量事件及供电服务过错明细

2. 供电服务质量事件及供电服务过错惩处对照表

附件 1

供电服务质量事件及供电服务过错明细

序号	一级目录	二级目录	三级目录	供电服务质量事件及供电服务过错
1	服务类	服务行为	服务态度	未落实“首问负责制”，推诿、搪塞、怠慢客户等
2				威胁、辱骂客户，甚至产生肢体冲突等
3			服务规范	未按规定统一着装，仪容仪表不规范
4				欠缺本岗位应具备的业务知识和相关技能，业务处理不当，造成不良影响
5				未履行“一次性告知”义务，导致客户无谓往返
6				现场服务未主动出示有效证件，未经客户允许擅自进入客户区域
7				泄露客户个人信息或商业秘密
8				自立收费项目和未按标准向客户收费，违规收取装表接电、业扩报装、农网改造、故障抢修等费用
9				供电服务质量事件、舆情隐患等应急处置不当
10			服务作风	迟到早退、擅自离岗、酒后上岗，工作时间从事与工作无关的活动等违规行为
11				利用岗位与工作之便谋取不正当利益或进行吃、拿、卡、要等违规行为
12		服务渠道	供电营业厅	营业厅环境卫生脏、乱、差
13				未在营业厅公示电价、收费标准、服务程序等信息
14				未公示营业时间，或未按公示的营业时间营业
15				未按规定提供相关服务
16				自助交费终端、POS 机、网络系统等设施设备维护不到位、故障告知不及时
17				拒绝客户现金交费、违规设置交费限额
18				客户交费后未按规定向客户提供有效交费凭证

续表

序号	一级目录	二级目录	三级目录	供电服务质量事件及供电服务过错
19	服务类	服务渠道	95598供电服务热线	未按规定提供有关内容服务
20				未按规定时限与客户联系或处理工单
21				未及时准确填写、派发工单导致服务纠纷
22				未按规定核实处理投诉、举报等诉求，弄虚作假、刻意隐瞒违规服务行为
23				知识库供电服务信息维护不及时、不准确
24				网络通信系统维护不到位，造成95598供电服务中断等
25				刻意屏蔽、旁路95598供电服务热线
26			信息系统	因维护不到位，造成营销业务系统业务功能中断
27				因维护不到位，造成95598核心业务系统中断
28				因维护不到位，造成95598互动网站中断
29	营业用电类	用电检查	例行检查	用电检查员巡视检查不到位，客户用电安全隐患等检查、告知不到位
30				违规处理窃电、违约用电，追补电费、违约电费收取不规范
31			高危及重要客户管理	未按要求对高危及重要客户进行认定报备，用电安全隐患“服务、通知、督导、报告”不到位
32			专线客户停电协商	专线计划停电，未与专线客户协商，或未按协商结果执行
33		业扩报装	报装受理	因供电能力不足造成报装受限，在供电能力恢复后未及时通知相关客户
34			报装时限	供电方案答复、设计审核、中间检查、竣工检验、装表接电等未按规定时限办理

续表

序号	一级目录	二级目录	三级目录	供电服务质量事件及供电服务过错
35	营业用电类	业扩服装	环节处理	对受理的业扩项目，未按要求书面答复客户
36				答复供电方案时，未明确告知客户涉及的业务费用情况
37				供电方案内容不合理且违反公司规定
38				中间检查、竣工检验不到位，造成客户延迟送电等问题
39				未及时进行信息归档，造成未能正常抄表，客户未能正常交费
40			“三指定”行为	直接、间接或变相为客户指定设计、施工、供货单位
41		电价电费	抄表质量	未按例日抄表，变更抄表时间未及时告知客户
42				未抄、错抄、估抄、漏抄等抄表差错
43				私自请人代替抄表工作
44			电费核算	客户电价执行错误
45				应收、退补等电费金额差错
46				未及时、准确核算电费
47			账单服务及收费	未按规定及时、有效告知客户电费信息，影响客户交费
48				对代收网点拒绝收费、加收手续费等行为监督管理不到位
49				对账、销账不及时、不准确，造成服务纠纷
50			欠费停复电	未按规定程序对欠费客户实施停电
51				欠费停错电
52				客户结清欠费后未按规定及时复电

续表

序号	一级目录	二级目录	三级目录	供电服务质量事件及供电服务过错
53	营业用电类	电能计量	计量装置新装与改造	电能表轮换或改造，未按要求提前公示换表事项和具体时间
54				装、拆电能表，未与客户确认起（止）示数
55				计量装置接线错误，造成串户，或影响计量准确性
56				计量装置运维不到位，未及时制定整改措施，导致用电安全问题
57			检验检测	拒绝受理客户电能表校验申请，或受理后超时限出具检测结果
58				未按规定开展高压客户电能计量装置现场周期检验
59				未按规定对智能电能表进行全检验收工作
60	供电能力类	停送电	停送电信息	未按要求报送计划停电、临时停电及其他影响95598对客户答复的停送电信息
61				计划停电、临时停电未按规定公告、通知重要客户
62			停送电操作	未按公告的停电计划实施停电，变更停电计划未履行手续，提前或延迟停送电
63				未严格执行政府批复的有序用电方案，或未及时向社会公告限电序位表
64				无故或未按规定对客户实施中止供电操作
65		故障抢修	抢修质量	未按规定时限到达故障抢修现场。因特殊情况不能按时到达现场，未及时和客户沟通
66				无故拒绝修复供电企业产权范围内的故障
67				故障未修复或抢修不彻底
68		供电质量	电压质量	产权分界点电压值未在合格范围，影响客户正常用电，且发现后未及时治理
69			谐波	各级公用电网电压（相电压）总谐波畸变率超出允许范畴，影响客户正常用电，且发现后未及时治理
70			供电频率	供电频率超标或长期未得到改善、处理不彻底，影响企业生产等问题
71			频繁停电	供电可靠性未达到规定要求，且未制定有效的整改措施

续表

序号	一级目录	二级目录	三级目录	供电服务质量事件及供电服务过错
72	供电能力类	供电设施	电网建设	输配电设施安全隐患，且发现后未得到有效解决
73				供电能力不能满足客户需求，未按规定要求落实整改
74				野蛮施工扰民，未及时清理现场或未恢复路面等善后工作
75			环境污染	输配电设备运行噪声超标，影响客户正常生活，且发现后未制定有效整改措施
76		家电损坏赔偿	处理时限	居民客户家用电器损坏处理超时限
77			处理规范	供电企业责任导致客户家电损坏，未按规定处理

附件 2

供电服务质量事件及供电服务过错惩处对照表

事件和过错分类 / 责任人员	供电服务质量事件				供电服务过错		
	特别重大供电服务质量事件	重大供电服务质量事件	较大供电服务质量事件	一般供电服务质量事件	一类过错	二类过错	三类过错
责任单位上级主要领导、有关分管领导	警告至记过；通报批评或调整岗位	警告；通报批评	—	—	—	—	—
责任单位上级有关部门负责人	警告至记大过；通报批评、调整岗位或待岗	警告至记过；通报批评或调整岗位	通报批评	通报批评	通报批评	—	—
责任单位主要负责人、有关分管负责人	警告至降级（降职）；诫勉谈话、通报批评、调整岗位或待岗	警告至记大过；通报批评调整岗位或待岗	警告至记过；通报批评或调整岗位	警告；通报批评	通报批评	—	—
部门、班组级负责人	警告至留用察看；通报批评、调整岗位、待岗或停职（检查）	警告至撤职；通报批评、调整岗位、待岗或停职（检查）	警告至记大过；通报批评、调整岗位或待岗	警告至记过；通报批评或调整岗位	通报批评、调整岗位或待岗	—	—
主要责任人	记大过至解除劳动合同；待岗、停职（检查）或责令辞职	记过至留用察看；调整岗位、待岗、停职（检查）或责令辞职	警告至撤职；调整岗位、待岗或停职（检查）	警告至降级（降职）；通报批评、调整岗位或待岗	通报批评、调整岗位或待岗	通报批评、调整岗位或待岗	通报批评或调整岗位

续表

事件和过错分类 / 责任人员	供电服务质量事件				供电服务过错		
	特别重大供电服务质量事件	重大供电服务质量事件	较大供电服务质量事件	一般供电服务质量事件	一类过错	二类过错	三类过错
次要责任人	警告至留用察看；通报批评、调整岗位、待岗或停职（检查）	警告至撤职；通报批评、调整岗位、待岗或停职（检查）	警告至记大过；通报批评、调整岗位或待岗	警告至记过；通报批评或调整岗位	通报批评或调整岗位	通报批评或调整岗位	通报批评
经济处罚（元）	5000～30000	3000～20000	2000～10000	1000～5000	500～3000	100～2000	1000 以下